Likör-Phantasien

Simone Edelberg

Likör-Phantasien

Verführung der Sinne

BuchVerlag
für die Frau

ISBN 3-89798-002-9

2. Auflage 2002

Titelfoto: Uwe Hämsch, Gordemitz
Gesamtgestaltung und Satz:
Feuerbach 4, Catharina Ende, Leipzig
Reproduktion: grafotex, Leipzig
Druck und Binden:
sachsendruck GmbH, Plauen

Printed in Germany

Inhalt

Vorwort

Menschen haben seit Jahrhunderten edle Liköre und feine Schnäpse ideenreich hergestellt. Die Kunst, Weindestillate mit Hilfe von Früchten und Kräutern in Arzneien und *«Lebenswässerchen»* zu verwandeln, wurde zunächst vor allem in den Klöstern gepflegt. Schnell stellte sich heraus, dass sich alles Stärke- und Zuckerhaltige zu niedrigprozentigem Alkohol vergären ließ, den man dann destillieren und verfeinern konnte. In Regionen ohne Weinbau wurden Rohstoffe wie Kartoffeln, Getreide oder Zuckerrohr gebrannt. Vermutlich war das Brennen eine beliebte Möglichkeit, um besonders reich ausgefallene Obsternten sinnvoll zu verarbeiten. Das Brennen als bäuerliche Nebenbeschäftigung war in allen Ländern gang und gäbe. Überall, wo Obst angebaut wurde, heizte man nach der Ernte den Brennkessel an. In den Anfangsjahren der Spirituosen dienten diese Grundalkohole als Ausgangsstoff für allerlei Mixturen, die nicht nur heilen, sondern auch Genuss spenden sollten. Auszüge von frischen Kräutern, Früchten und sogar Gold wurden den Destillaten hinzugesetzt, bis sie ihre Aromen oder ihre vermeintlich magische Wirkung an den Alkohol abgegeben hatten. Diese Mixturen sind die Vorfahren unserer heutigen Liköre.

Die Arbeit, aus den Grunddestillaten köstliche Liköre oder heilsame Schnäpse zu zaubern, war jahrhundertelang eine wichtige Aufgabe der Hausfrau. Das war selbst zu Zeiten unserer Großmütter noch so, die in erster Linie Selbstversorger waren. Und wer erinnert sich nicht mit Genuss an Omas Köstlichkeiten, seien es nun beerige Liköre zum Dessert oder auch lindernde Magenbitter nach einem zu üppigen Mahl?

Leider sind viele dieser Rezepte - zu Unrecht - in Vergessenheit geraten. Im Rahmen fortschreitender Industrialisierung wurden fruchtige Geister, edle Liköre und würzige Schnäpse mit der Aura umgeben, dass sie nur in hoch technisierten Verfahren unter Verwendung streng geheimer Rezepturen hergestellt werden können. Darüber hinaus erschien es in unserer hektischen Zeit vielen Hausfrauen (und -männern) zu umständlich und zeitaufwändig, sich mit der edlen Kunst der Likörbereitung zu beschäftigen. Vor allem im deutschen Wirtschaftswunderland war es über lange Zeit eine liebe Gewohnheit, die

Dinge für den täglichen Gebrauch in der nächstgelegenen Supermarktfiliale einzukaufen. Dabei gingen der Genuss und die Freude am Selbstgemachten verloren. Die vielen liebevoll gesammelten und aufgeschriebenen Rezepte in den Haushaltsbüchern vergangener Zeiten sprechen eine andere Sprache. Da ist von Quittenlikör die Rede, der schon nach nur zwei Monaten Reifezeit sein volles Aroma erreicht und dessen Rezept nun schon seit über 150 Jahren im Besitz meiner Familie ist. Diese Rezepte erzählen beredt von einer Zeit, in der die Hausfrau nicht nur für die Ernährung ihrer vielköpfigen Familie zu-ständig war, sondern sich auch um das allgemeine Wohl von Mann und Kinderschar zu kümmern hatte. Die Mengenangaben dieser Rezepte sind überwältigend: 10 kg Zucker, 5 l Schnaps, 15 kg Beeren ...

Natürlich kann heute kein Normalverbraucher diese Mengen verarbeiten. Vielleicht ist auch dies mit ein Grund, warum die Rezepte für selbst gemachten Likör und Schnaps so lange im Verborgenen schlummern mussten? Dabei ist es ein Leichtes, die Mengen auf heutige Bedürfnisse herunter zu rechnen. An den Zutaten selbst hat sich jedenfalls in den letzten 300 Jahren kaum etwas verändert. Frische Früchte und Kräuter werden überall in verschwenderischer Fülle feil geboten. Exotische Südfrüchte erweitern die Palette der Möglichkeiten fast ins Unendliche und verlocken zu vielfältigen Likörkompositionen.

Hausgemachte Liköre sind unkompliziert, preiswert und vor allem viel aromatischer und bekömmlicher als alles, was Sie in den Geschäften kaufen können. Gesunde Nahrungs- und Genussmittel rücken mehr und mehr in den Vordergrund. In jeder Flasche selbst gemachten Likörs stecken dabei immer auch Fürsorge und Liebe für die eigene Familie, für Gäste oder Freunde, die man verwöhnen möchte. Ich freue mich, dass die Freude am Besonderen für spezielle Gelegenheiten, die Freude am Selbstgemachten wieder in Mode gekommen ist und wünsche Ihnen viel Vergnügen dabei, die alte Tradition der häuslichen Likör- und Schnapsbereitung neu zu entdecken.

Simone Edelberg

Die Likörherstellung ist seit dem 14. Jh. bekannt. Likör= stark alkoholhaltiges Dessertgetränk aus Branntwein oder Sprit mit Zusatz von Zucker und aromatischen Stoffen...

(Brockhaus 1932)

Am Anfang waren die Mönche

Die Geburtsstunde von Likören liegt ebenso im Dunkel der Geschichte wie die des Weines oder Bieres. Immerhin wissen wir, dass sich vor allem die mittelalterlichen Klöster Verdienste um die europaweite Verbreitung der Brau- und Brennkunst erworben haben. Neben Schulen unterhielten sie nämlich auch Weinkellereien und Destillen, von denen noch heute viele für ihre aromatischen Erzeugnisse berühmt sind. Zunächst wurden mit Mixturen aus Branntwein, Kräutern und Früchten Kranke geheilt. Irgendwann muss dann ein besonders pfiffiger Mönch auf den Gedanken gekommen sein, den Branntwein mit Zucker zu versetzen, um das bittere, scharfe Getränk den Kranken schmackhafter zu machen.

Man nannte das neue Getränk *liquor*, nach dem lateinischen Wort für Flüssigkeit. Schnell sprach sich innerhalb der engen Klostermauern die anregende Wirkung herum...

Kein Wunder: Eine Medizin, die so sichtbar belebt, schlucken nicht nur die Kranken gern!

Doch die Kunst der Mönche wurde auch außerhalb der Klostermauern bekannt. Apotheker und Alchemisten bemühten sich um das Geheimnis der Likörfabrikation und verschrieben leckere Liköre sozusagen «auf Rezept». Bereits um 1500 fand ein vom Spandauer Nonnenkloster nach Ettaler Rezept hergestellter Kräuterlikör bei den Berlinern reißenden Absatz. Sie belegten ihn im Volksmund mit dem vielsagenden Namen «*Jungferntrost*».

Vom Alchemisten Leopold Thurneysser ist gar überliefert, dass er im Jahre 1572 im ehemaligen Grauen Kloster der Franziskaner einen Großbetrieb mit über 200 Arbeitern gründete. Die dort fabrizierten Liköre trugen so klingende Namen wie Goldtinktur, Perlenelixier, Bernsteinessenz oder Korallenwasser und wurden zu sagenhaften Preisen an die umliegende Bevölkerung verkauft. An Stelle des teuren, oft nur für den Adel erschwinglichen Weines nahmen Apotheker und Alchemisten häufig Fruchtwein und Branntwein zur Likörherstellung. Der Likörhandel blühte also in deutschen Landen.

Doch dann erhielten die einheimischen Likörfabrikanten Konkurrenz durch die zugewanderten Hugenotten. Sie stellten im Berlin des Jahres 1738 über 30 unterschiedliche Sorten her und importierten dazu auch noch fleißig edle Liköre aus dem Ausland. Als um 1780 die Berliner Destillateurinnung bei Friedrich dem Großen beantragte, den Import fremder Likörspezialitäten zu verbieten, antwortete der König, dass sie sich bemühen sollten, dass ihre Liköre die ausländischen an Güte überträfen, dann würde der Import ganz von selbst aufhören.

Diese Abfuhr ist verständlich, schließlich ließ sich Friedrich selbst vor Besuchen von auswärtigen Gästen jedes Mal «*ganze Fässer voll frembter Brandteweine und Liquers*» ins Schloss liefern. Ob es bei ihm wohl auch so unbekömmlich zugegangen ist, wie beim «*Gesundheitstrinken*» August des Starken im Jahre 1662? Nach der Feier «*reiseten Seine Churfürstliche Durchlaucht zu Sachsen des Morgens in aller Stille wieder fort, nachdem Sie 6 Personen von Dero Hoffstadt, welche sich zu Tode gesoffen, hinterlassen mussten*»...

Trinke aus
dem Becher,
so lange er voll ist.

(Volksmund)

Findet ihr
zum Müßiggehen
einen Tag,
so geht!
Seht ihr ein
paar Gläser
stehen,
trinkt,
wo ihr sie seht!

Shijing; 5.Jh. v.u.Z.

Vom guten Geist

Schnaps oder Likör?

Das ist hier die Frage!

Sehr süße, dickliche Liköre werden auch als Cremes bezeichnet.

(Brockhaus 1932)

«Schnaps ist Schnaps...»
- wohl kaum eine Redensart ist weniger zutreffend als diese: Apfelkorn, Birnenlikör, Crème de Coco, ... Zitronenwodka: Die Palette der Ansatzschnäpse und Liköre ist ebenso bunt wie die köstlichen Flüssigkeiten selbst. Wie die einzelnen Getränke genannt werden, hängt in erster Linie von deren Zuckergehalt ab und ist gesetzlich geregelt. Wichtig ist das für den häuslichen Kellermeister aber nur, wenn Sie vorhaben, die selbst hergestellten Schnäpse oder Liköre zu verkaufen (wofür Sie eine Lizenz benötigen).

Für den Eigenbedarf oder wenn Sie Ihre selbst gemachten aromatischen Ansatzgetränke verschenken wollen, ist es gleichgültig, ob Sie sie *«Geist»*, *«Schnaps»* oder *«Likör»* nennen. Folgen Sie bei der Namengebung Ihrem Gefühl: Je mehr Zucker eine Spirituose enthält, je geschmeidiger sie über die Zunge rollt, desto mehr entspricht sie einem Likör.

Arabische Flaschengeister

Die Gelehrten streiten sich, wem wir den reinen Alkohol verdanken. Auf der Suche nach den Wurzeln der Spirituosengeschichte stolpert man nur über Bruchstücke, die sich schwer zusammenpuzzeln lassen. Es ist unklar, ob sich die Kunst der Destillation in einem bestimmten Land oder Erdteil entwickelt und von dort aus die Welt erobert hat oder ob sie von mehreren Zivilisationen zu einem bestimmten Punkt der Geschichte gleichzeitig erfunden wurde. Eine verbreitete Meinung ist, dass die Destillation im vorchristlichen China entwickelt wurde. Schließlich sind die Chinesen bekannt dafür, dass sie neben dem Schwarzpulver und den Nudeln noch alles mögliche andere erfunden haben...

Aus China soll die Destillation dann in den arabischen Raum gelangt sein und von dort im 8. Jahrhundert mit den Mauren über Spanien nach Europa, wo sie dann von den Mönchen verfeinert wurde und lange Zeit als Medizin galt. Erst der berühmte Arzt Paracelsus nannte das heilende, aber auch berauschende Produkt der Destillation Alkohol.

Sprachforscher führen diese Namengebung auf das arabische Wort «*al-co-hue*» zurück, was für fein gemahlenes Antimonmetall steht: Eine arabische Glanzschminke für Augenlider, die wie viele andere Kosmetika in Alkohol aufgelöst wurde. Diese Meinung stützt sich auf zahlreiche ähnliche Beispiele wie die Schokolade aus Mexiko, den Arrak aus Iran oder den Kaffee aus dem Orient. Manche Historiker glauben dagegen, dass der Alkohol von den Arabern selbst entdeckt wurde, weil ein ähnlich klingendes arabisches Wort so viel bedeutet wie «*das reinste Wesen einer Sache*».

Und auch heute noch sprechen wir von Obst- oder Weingeist und betrachten den Geist (spiritus) als Quintessenz einer Sache.

Zweifler könnten fragen, ob die Araber denn überhaupt Alkohol aus Wein destillieren durften, wo doch der Prophet Mohammed im Vers 220 der 2. Sure des Korans den Weingenuss untersagt hat: «*Auch über Wein und Spiel werden sie dich befragen. Sag ihnen: In beiden liegt die Gefahr der Versündigung - doch auch*

Nutzen für die Menschen; der Nachteil überwiegt jedoch den Nutzen.» Ob das tatsächlich als Verbot oder nur als Warnung vor übermäßigem Weingenuss ausgelegt werden kann, darüber streiten sich nicht nur die Religionswissenschaftler. Fest steht jedenfalls, dass im gesamten islamischen Reich früher Wein in großen Mengen getrunken wurde und zwar nicht nur in den Märchen aus 1001 Nacht. Millionen von Nicht-Moslems wie Christen und Juden bauten Wein an, handelten damit und tranken ihn natürlich auch - geduldet von der islamischen Obrigkeit. Es liegen sogar schriftliche Zeugnisse vor, dass auch Moslems in manchen Herrscherperioden der Weingenuss gestattet war, so lange das heiligste aller Gebote nicht verletzt wurde: Zu den Stunden des Gebets einen klaren, unvergifteten Sinn zu haben.

Die Technik der Destillation wurde unzweifelhaft von den Arabern entwickelt, die ja auch Meister der Medizin, der Astronomie und der Physik waren. Der Stand ihrer Wissenschaften war zu dieser Zeit in der Welt beispielhaft. Eingesetzt wurde die Destillation für die Herstellung von duftenden Wässerchen und feinen Parfümölen, für die die arabische Welt auch heute noch berühmt ist.

Doch so verfeinert, wie die arabische Destillationskunst auch war, so besaßen ihre Destillationsapparaturen doch keine Kühlvorrichtung. Das war auch nicht notwendig, um Öle zu destillieren. Ohne Kühlvorrichtung lässt sich aber kein Alkohol destillieren. Das heißt vermutlich, dass die Araber den Alkohol bei ihrer Parfümherstellung gar nicht entdeckten, arabischer Wortstamm hin oder her.

Der reine Alkohol aus arabischen Gefilden ist also wohl doch nur ein Märchen wie das von Aladin, seiner Wunderlampe und dem Flaschengeist. Ohne die Technik der Araber aber hätten die europäischen Alchemisten des Mittelalters die Kunst der Alkoholdestillation nicht entdecken können.

1066 - William the Conqueror hatte Obstbranntwein an Bord

Feine Spirituosen galten lange Zeit als Rarität, waren sie doch aufwändig und teuer in der Herstellung. So genossen vorerst nur die adligen Kreise alkoholische Getränke. Besonders Obstbranntwein war - neben Wein - sehr beliebt.

Auch Wilhelm I., Herzog der Normandie, der später als «*William the Conqueror*» in die Geschichtsbücher einging, konnte sich nicht vorstellen, England ohne einen ordentlichen Vorrat an Branntwein zu erobern. Bevor er an Bord seines Schiffes »*Mora*» ging - übrigens ein Geschenk seiner Frau Mathilde -, wies er seinen Gefährten Bras de Fer (Eisenarm) an, «*viel guten Obstbranntwein*» in den Hafen von Valéry-sur-Somme zu senden.

Die Legende gibt leider keine Auskunft, um welche Sorte Obstbranntwein es sich dabei gehandelt hat. Wir können aber vermuten, dass es Apfelweinbrand war, also ein Urahn unseres heutigen Calvados. Äpfel gab und gibt es schließlich in der Normandie in ausreichender Menge und die normannischen Bauern hatten

schon im 5. Jahrhundert damit begonnen, aus den Früchten der wilden Apfelbäume Apfelwein zu keltern. Er wurde damals «*Sicera*» genannt und später auch gebrannt.

Offen bleibt auch die Frage, ob der stürmische Eroberer den Apfelweinbrand ganz allein in seiner Kajüte genossen oder ob er ihn dazu verwendet hat, seine 8000 tapferen Mannen in der Nacht vom 27. zum 28. September 1066 anzuspornen, die neblige Insel jenseits des Kanals zu unterwerfen. So gestärkt gelang es jedenfalls Wilhelm I. durch den Sieg bei Hastings, England zu unterwerfen und ein starkes Königtum zu schaffen. Immerhin hatte er von 1066 bis zu seinem Tode 1087 den englischen Thron inne.
Die wirklich interessanten Geschichten stehen eben nicht in den Geschichtsbüchern...

Man trinkt nicht,
um zu fallen;
man trinkt,
sich zu erheben.

(Friedrich Bodenstedt)

L´eau de vie –

Lebenswasser vom Landedelmann

Aqua vitae, Lebenswasser, L´eau de vie - wie für viele Spirituosen gibt es auch für den französischen Eau de vie viele unterschiedliche Versionen der Entstehung. Die Geschichte des Calvados mag stellvertretend für viele andere Obstbranntweine stehen. Wir wissen, dass normannische Bauern schon seit Jahrhunderten Apfelbranntwein hergestellt haben, um zu üppig ausgefallene Apfelernten sinnvoll zu verwerten. Bekannt wurde dieser, inzwischen *«l´eau de vie de sidre»* genannte Schnaps allerdings erst im 16. Jahrhundert. Als nämlich im Jahre 1553 der Landedelmann Gilles de Gouberville seinem Tagebuch anvertraute, er habe in seinem kleinen Weiler Mesnil-au-Val bei Cherbourgh zum ersten Mal *»l´eau de vie de sidre»* gebrannt.

Die Legende besagt auch, dass der Landedelmann Gouberville im Nebenberuf Gastwirt gewesen sei, um sein kärgliches Einkommen zu verbessern. Er soll als erster in Frankreich Inhaber einer königlichen Brennkonzession gewesen sein. Dann hat er vermutlich auch Steuern bezahlen müssen: Ob

sich da das Brennen für ihn überhaupt noch gelohnt hat? Die Bauern seiner Region werden jedenfalls fröhlich weiter schwarz gebrannt und auf die königliche Konzession gepfiffen haben.

Und hier noch ein sehr altes Hausrezept für Apfelmus für jene, die es weniger alkoholisch mögen.

ein apfelmus
wilt du machen ein apfelmus, so nim schöen epfele und schele sie. und snide sie in ein kalt wazzer. und süde sie in einem hafen. und menge sie mit wine und mit smaltze und ze slahe eyer mit wiz und mit al. und tu daz dor zu. und daz ist gar auch ein gut fülle. und versaltz niht.

Wer Sorgen hat, hat auch Likör

Enthaltsamkeit ist das Vergnügen an Dingen, welche wir nicht kriegen.

(Wilhelm Busch)

Fast jeder kennt wohl den vielzitierten Ausspruch *«Es ist ein Brauch von alters her: Wer Sorgen hat, hat auch Likör.»* von Wilhelm Busch. Wer sich näher mit der Fülle an Sprichwörtern und Redensarten rund um das Thema Spirituosen beschäftigt, findet allerlei amüsante, kuriose und bissige Schlussfolgerungen des Volksmundes.

Sorgen können beispielsweise nicht nur großen Durst verursachen, sondern übermäßiger Alkoholgenuss kann umgekehrt auch zu Sorgen führen. So warnt ein französisches Sprichwort eindringlich, *«dass im Becher mehr ersaufen als im Meer»*. Auch die Deutschen wissen seit Jahrhunderten, dass das Laster des Trinkens nicht nur gesundheitlich unangenehme Folgen haben kann: *«Ist das Bier im Manne, ist der Verstand in der Kanne.»* Oder, anders ausgedrückt: *«Was einer trunken sündigt, muss er nüchtern büßen.»*

Und der jüdische Talmud lehrt: *«Am Besten erkennt man den Charakter eines Menschen bei Geldangelegenheiten, beim Trinken und im Zorn.»* Trotz dieser Weisheiten galt in früheren Zeiten, in denen oft Mangel an Speise und Trank für jedermann bestand, dass *«Essen und Trinken Leib und Seele zusammenhält»*. Kein Wunder also, dass sich die Begüterten stolz mit prallen Bäuchen in Öl malen ließen. Dick konnte schließlich nur der sein, der es sich leisten konnte, dass sich seine Tafel unter der Last der aufgetischten Köstlichkeiten bog. Und dazu gehörte eben immer auch eine breite Palette an Spirituosen. *«Esset und trinket, denn morgen können wir tot sein»*, lautete die Devise, nach der ohne Bedenken gelebt wurde. Askese war nur etwas für die Armen und die Priester, an die Gesundheit dachte man noch nicht.

Liebling
der Literaten

Nicht nur Wilhelm Busch hat den Likör gewürdigt. Auch in den literarischen Salons des 18. und 19. Jahrhunderts wurden die farbenfrohen Flüssigkeiten genossen. Literarische Salons - wer denkt dabei nicht an aromatischen Tee und elegante Damen, an lebhafte Diskussionen, Kavaliersgesten, gedämpftes Gelächter und flüchtiges Erröten? Nicht zuletzt auch an die feierliche Stille um einen vortragenden Dichter? Doch die literarischen Salons waren nicht nur Schauplatz von Dichterlesungen und philosophischen Streitgesprächen, sondern auch von Unterhaltung und Genuss. Wie könnte man die hohe Kunst der Literatur besser würdigen, als bei einem Glas edlen Likörs?

So dachten auch die feinen Lesezirkel vergangener Zeiten. Neben leidenschaftlichen Debatten um die Vorzüge einzelner Literaten rückte meist schnell die menschliche Begegnung in den Vordergrund. Dabei wurde so manches Glas Likör geleert.

Vor allem die Zeit der Reaktion ab 1819, das so genannte Biedermeier,

das die Gesellschaft zum Schweigen verurteilte, hat mit dem Rückzug ins Private nicht nur die literarische Liebhaberei gefördert, sondern ebenso zum Likörgenuss verführt. Mit jedem Schlückchen wurde die Stimmung lockerer und entspannter, so dass man sich im vertrauten Kreise rund um den Teetisch Vertraulichkeiten über die politische Lage ins Ohr flüstern konnte.

Heiter ging es gleichfalls im Café Stehely am Berliner Gendarmenmarkt zu. Dort trafen sich Literaten, Künstler und Journalisten im Hinterzimmer, um ausländische Nachrichten zu lesen, die von den drei lizensierten Berliner Zeitungen verschwiegen wurden. Im Café sammelten die Mitarbeiter des «*Kladderadatsch*» bei einem Gläschen Stoff für ihre bissige Zeitkritik. Übrigens war Theodor Fontane (1819-1898) ein häufiger und gern gesehener Gast im Café Stehely. Liköre und Ansatzschnäpse haben unter den Literaten zu allen Zeiten liebevolle Abnehmer gefunden. Molière, Baudelaire, Schiller, Sartre oder Hemingway: Sie alle waren Genießer und einem gefüllten Glas nicht abgeneigt.

Zahlreiche Dichter haben den schillernden Flüssigkeiten ein literarisches Denkmal gesetzt. William Shakespeare fordert in seinem Opus «*Romeo und Julia*» gar «*Gebt mir Aquavit!*»

Ich mag es gern leiden, wenn auch der Becher überschäumt.

(Friedrich von Schiller)

Verführung der Sinne

Glasballons & Co.:

Die Gerätschaften

Was sich zum
Genuss soll klären,
muss erst kochen
oder gären.

(Volksmund)

Für die Herstellung von aromatischen Ansatzschnäpsen und feinen Likören werden nur wenige einfache Geräte benötigt. Die meisten davon sind ohnedies in jedem gut sortierten Haushalt zu finden, so dass ohne größere Anschaffungen mit der häuslichen Likörbereitung begonnen werden kann. Wichtig ist dabei, dass alle verwendeten Geräte aus feuerfestem Glas, reinem Edelstahl, Holz, hochwertiger Keramik oder Kunststoff bestehen: Durch den Kontakt mit den Fruchtsäuren des angesetzten Obstes oder auch durch die Berührung mit Alkohol kann es sonst zu Verfärbungen oder metallischem Beigeschmack kommen.

Benötigt wird mindestens ein großes **Sieb**, um darin die Früchte oder Kräuter zu waschen. Bewährt hat sich ein so genanntes Schleudersieb, wie es in vielen Haushalten zum Salatschleudern verwendet wird. Ein gewöhnlicher **Seiher**, in dem man das Waschgut sorgfältig abtropfen lässt, tut es für den Anfang aber auch. Für das Zerkleinern der Früchte benötigt man ein **Küchenmesser** bzw. einen **Pürierstab**. Zum Ansetzen der Früchte sind große, weithalsige **Flaschen** und **Einmachgläser** ebenso geeignet wie bauchige **Glasballons** aus dem Fachhandel. Ihre Größe und Anzahl richten sich stets nach der Menge des Ansatzes. Dabei gilt es allerdings zu beachten, dass die Öffnung groß genug ist, um ein problemloses Befüllen und Entleeren zu ermöglichen.
Selbstverständlich sollten die Gläser und Flaschen vor dem Befüllen sorgfältig gereinigt und von Spülmittelresten befreit werden, damit der Ansatz keinen unangenehmen Beigeschmack bekommt. Wenn es in den Rezepten nicht anders angegeben ist, sollten durchsichtige Glasgefäße bevorzugt werden, da der Ansatz so am besten beobachtet werden kann.

Weiterhin wird ein etwa $1\frac{1}{2}$ Meter langer **Gummischlauch** mit 1 cm Durchmesser benötigt, wie er beispielsweise in einem Laden für Aquarium- oder Gartenbedarf erworben werden kann. Er dient dem Abziehen des klaren Ansatzes, was das spätere Filtrieren ungemein erleichtert.
Zum Abziehen muss das Ansatzgefäß

höher stehen als das Auffanggefäß. Das eine Ende des Schlauches wird in den Ansatz gehängt, während am anderen Ende durch Saugen oder Zusammendrücken des Schlauches ein Unterdruck erzeugt wird. Dann wird dieses Schlauchende rasch in das Auffanggefäß gehängt. Durch Zusammendrücken des Schlauches kann dabei die Fließgeschwindigkeit beeinflusst werden.

Wenn die klare Flüssigkeit abgezogen ist, wird der trübe Teil des Ansatzes gesondert gefiltert und erst danach wieder hinzugefügt. Dafür wird ein **Filter** eingesetzt. Hier gibt es verschiedene Feinheitsgrade. Für den Anfang und kleinere Likörmengen genügt ein Kaffeefilter. Zum Filtrieren eignen sich auch **Mull- oder Küchentücher** aus reiner Baumwolle.

Nach dem Filtrieren werden die Liköre und Ansatzschnäpse durch einen **Trichter** aus Kunststoff oder Edelstahl in Flaschen abgefüllt. Der Haushaltswarenhandel hält zu diesem Zweck besondere Trichter bereit, die ein herausnehmbares Sieb enthalten. Absolute Sauberkeit der Flaschen und fest schließende, saubere Verschlüsse sind wichtig für das Gelingen des «Selbstgemachten».

Zur Lagerung in Keller und Küche können jene **Flaschen** verwendet werden, aus denen der Ansatzalkohol stammt. Außerdem schießen seit einiger Zeit Spezialgeschäfte wie Pilze aus dem Boden, die ein breit gefächertes Sortiment an schön geformten Flaschen und **Karaffen** für den Selbermacher bereithalten. Hier finden sich auch interessante Modelle, beispielsweise in Mond-, Herz- oder Stiefelform, die besonders geeignet sind, wenn die Getränke verschenkt werden sollen.

Geräte im Überblick

- Sieb
- Flaschen
- Glasballon
- Gummischlauch
- Filterpapier
- Mulltücher
- Trichter
- Pürierstab
- Messer
- Küchenwaage
- Messbecher

Das ABC der Branntweine

Wer nur
Wasser trinkt,
hat etwas zu
verbergen.

(Charles
Baudelaire)

Alkohol ist nicht gleich Alkohol. Welcher Alkohol zum Ansetzen von Schnäpsen und Likören verwendet wird, ist eine Frage der persönlichen Vorliebe. Entscheidend ist allerdings stets die Qualität des Ansatzalkohols:
Aus einem minderwertigen Alkohol lässt sich keine edle Spirituose zaubern. Unsere Großmütter haben Liköre und Schnäpse meist mit 96%-igem Weingeist, Korn oder Obstbranntwein angesetzt, um damit die Früchte besonders stark auszulaugen. In meiner Familie wird von alters her meist mit Wodka, Doppelkorn oder einem anderen Branntwein angesetzt, dessen vorhandener Eigengeschmack auf den der Ansatzfrüchte und -kräuter abgestimmt ist. Cognac oder ein edler Weinbrand, weich und sanft im Geschmack, rundet beispielsweise stark aromatische Früchte wie Walderdbeeren oder Himbeeren harmonisch ab.

Eine altbewährte Möglichkeit, Früchten ihre aromatische Essenz zu entlocken, ist die so genannte »*Rumtopf-Methode*«: Der Saft oder auch der gesamte Fruchtkörper wird in Branntwein gelegt, der die Aromen aus den Früchten herauszieht. Um das Aroma nicht zu verfälschen, darf für so einen Likör nur ein geschmacksneutraler Branntwein verwendet werden wie Branntweine aus Getreide (Korn) oder Kartoffeln (Wodka).
Da sie wenig oder gar keinen Eigengeschmack aufweisen, verfälschen sie das Aroma der Früchte nicht.
Wer Kreativität und Phantasie besitzt, kann auch ein wenig experimentieren und ganz bewusst geschmackliche Kontraste setzen. Nur Mut!

Damit Sie sich auf dem breit gefächerten Markt der unterschiedlichen Spirituosen besser orientieren können, folgt hier eine Aufstellung der wichtigsten Branntweinarten. Sie erhebt keineswegs Anspruch auf Vollständigkeit, viel mehr handelt es sich um eine kleine Auswahl von Branntweinen, denen Sie im Laufe Ihrer Beschäftigung mit Spirituosen immer wieder begegnen werden.

Absinth

Schon die alten Ägypter schätzten die Heilwirkung einer aus Wermutkraut und Anis hergestellten Spirituose. Im 19. Jahrhundert entwickelte sich Absinth zum Modegetränk. Er wurde 1923 verboten, als festgestellt wurde, dass übermäßiger Genuss zu Krankheit oder sogar in den Tod führte. Inzwischen gibt es jedoch wieder viele Anisspirituosen zu kaufen, so genannte Anisées, die keine so üblen Nebenwirkungen zeigen und sich gut als Aperitif eignen. Ihre Grundlage ist der Sternanis, der mit Zucker vergoren und destilliert und anschließend mit Alkohol und Kräuter- oder Pflanzenextrakten vermischt wird. 40 bis 50 % Alkoholgehalt.

Aquavit

Nordischer Branntwein aus Getreide oder Kartoffeln, der mit Kümmel und anderen Gewürzen wie Koriander, Fenchel, Dill, Zimt, Sternanis, Nelken oder Zitronenschalen und Wasser ein zweites Mal destilliert wird. Sein Name leitet sich vom lateinischen *aqua vitae* = Lebenswasser ab. Durch seine anregende Wirkung auf die Magenschleimhaut bietet sich Aquavit hervorragend als Digestif an. 38 bis 45 %.

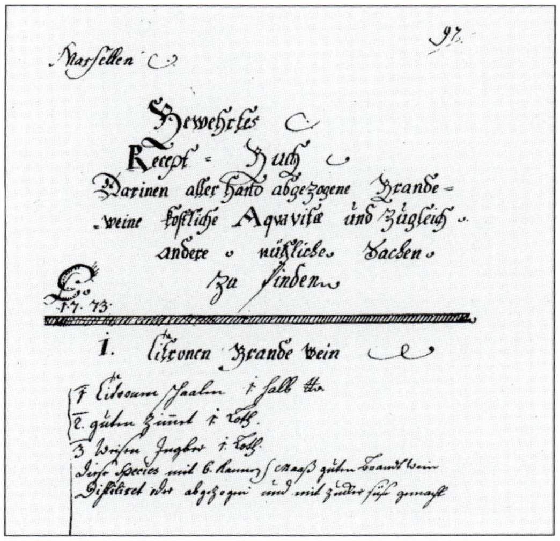

Arrak

Destillat aus vergorenem Reis, Zuckerrohrmelasse oder zuckerhaltigen Pflanzensäften aus dem Nahen und Fernen Osten.
Im Arabischen bedeutet Arrak *»süßer Saft«*. In Persien versteht man darunter Rosinenbranntwein, in Schiratz Dattelbranntwein und in Ägypten Branntwein aus Palmensaft. Es gibt auch Arrak, der

Tipp:

Absinth, die «grüne Muse» der Künstler, wird heute wieder aus unbedenklichen Zutaten hergestellt u.a. von der tschechischen Firma Hill in der Nähe von Budweiß.

Das ABC der Branntweine

aus Pflaumen, Hirse oder anderen Pflanzen hergestellt wird.
Der in Europa käufliche Arrak stammt zumeist aus Indien (Goa), Java (Batavia), Ceylon oder Siam.
50 bis 60 %.

Jägerwasser (eau du chasseur).

Man nehme eine Pinte guten Brantwein und eine Pinte destillirtes Pfeffermünzenwasser, setze ein Pfund Zucker, und zwei Tropfen wesentliches Pfeffermünzenöl dazu, lasse es zwei bis drei Tage digeriren, und filtrire dann.

Diesen Liqueur halte ich für meine Erfindung, mache aber des gemeinen Bestens wegen, kein Geheimniß daraus. Demachy.

Bommerlunder
Aquavit aus Deutschland.
40 %.

Boonekamp
Niederländischer Magenbitter.
Mindestens 40 %.

Brandy
Englischer Branntwein, niederländisch Brandewijn, der aus Äpfeln, anderen Früchten und Wein destilliert wird. Zwischen 38 und 40 %.
Die Länder Bulgarien, Italien, Niederlande, Spanien, Ungarn, Kanada, USA, Mexiko, Venezuela und Israel verstehen unter Brandy einen Branntwein aus Wein bzw. Weinbrand nach den deutschen Begriffsbestimmungen.
In den Balkanländern besteht der Brandy aus nur 30 %, in Österreich aus nur 15 % Weinalkohol.

Cachaça
Brasilianischer Zuckerrohrbrand, der direkt aus dem Saft des ausgepressten Zuckerrohres hergestellt wird und sich hervorragend für Cocktails eignet. 40 bis 42 %.

Calvados
Apfelbranntwein aus Apfelweinen (Cidre) des Departements Calvados in Frankreich.
Den Namen Calvados dürfen nur Brände tragen, die aus Cidre aus elf genau umgrenzten Gebieten gebrannt werden.
Andere Apfelbrände gehen als Apple Brandy, Eau de vie de pomme, Applejack oder Aguardiente de Sidre in den Handel. 42 bis 44 %.

Cognac
Französischer Weinbrand, der seinen

Namen nach der Hauptstadt des Departements Charente erhielt und nur aus weißen Grundweinen dieser Gegend hergestellt werden darf. Die Länder Iran, Zypern, Uruguay, Brasilien (Conhaque), Tansania (Konyagi) und Türkei (Kanyak) sowie die GUS-Staaten (Konjak) bezeichnen ihre nationalen Branntweine ebenfalls als Cognac - sicher nicht zur Freude der Franzosen!
Echter Cognac ist einer langen Tradition verpflichtet und wird mindestens zwei Mal gebrannt, um anschließend mindestens zwei Jahre in Eichenfässern zu reifen. Enthält 40 bis 42 %.

Enzian
Alpenländisches Destillat aus den vergorenen Wurzeln des gelben Enzians. 38 %.

Fernet
Italienischer Magenbitter, der nach einem italienischen Arzt benannt wurde. Enthält 45 %.

Genever
Belgisches und niederländisches Nationalgetränk, dessen Name sich von dem französischen Wort genévrier = Wacholder ableitet. Nomen est omen und so ist Genever ein Branntwein aus Wacholderbeeren und Moutwijn (Kornbranntwein aus Mais, Roggen und Gerstenmalz). Zuweilen enthält er auch zusätzliche Fruchtaromen. 38 bis 43 %.

Gin
Englisches Branntweindestillat aus Getreide oder Melasse, das ein zweites Mal mit Wacholderbeeren gebrannt wird und mit Gewürzen wie Zitrone, Orange, Schlehe, Angelikawurzel, Koriander, Mandel oder Akazie aromatisiert werden kann. Die unterschiedlichen Gintypen ergeben sich aus der Zusammensetzung der Gewürzmischung. Enthält 38 bis 45 %.

Grappa
Traubentresterbranntwein aus Italien, der gelegentlich auch über Wermut oder anderen Kräutern destilliert wird. Dieser eher grobe, ländliche Schnaps spielt in den Romanen von Ernest Hemingway eine große Rolle. Verdankt also der Grappa seine

Tipp:

Liköre sollen mindestens 30 Vol.% Alkohol haben, Ausnahmen sind Eierliköre und andere Emulsionsliköre (ca.25%).

Das ABC der Branntweine

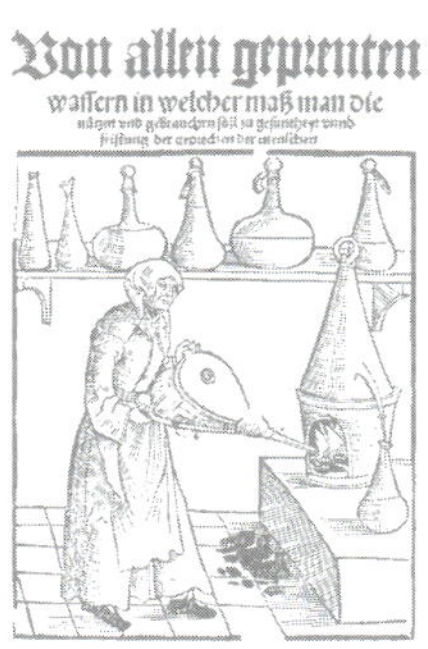

Karriere dem literarischen Altmeister? Wer weiß!
Besonders reizvoll ist der *Grappa alla Ruta (Grappa mit Raute),* dem ein Stengel der Weinraute (Ruta graveolens) mit in die Flasche gegeben wird. 43 bis 50 %.

Kirschwasser
Aus vergorenen Kirschen destillierter Edelbranntwein. 40 bis 50 %.

Korn
Branntwein aus Weizen, Buchweizen, Hafer, Roggen oder Gerste. Ursprünglich wurde er als Medizin verkauft und ist bis heute neben Weinbrand die meistgekaufte Spirituose in Deutschland. Mindestens 32%, Doppelkorn, Doppelweizen oder Edelkorn enthalten sogar 38 %.

Machandel
Ostpreußischer Wacholderbranntwein.

Malt-Whisky
Englischer Getreidebranntwein aus gekeimter Gerste (Malz). Ist Bestandteil von Scotch-Whisky. 40 bis 45 %.

Maraschino
Feiner Likör aus dalmatischen Marascakirschen, Rosen- und Orangenblütenwasser sowie Weindestillat. Enthält 32 %.

Marc
Französischer Bruder des italienischen Grappa aus weißen oder roten Trauben. Ursprünglich handelte es sich bei diesem Tresterbranntwein um einen Schnaps, den die Weinbauern zum Eigenbedarf herstellten, um sich bei der Arbeit in den Weinbergen zu stärken. 43 bis 50 %.

Mescal
Mescal, ein mexikanischer Branntwein aus Agavensaft, ist der «*kleine Bruder*» des Tequila. 42 %.

Metaxa
Griechischer Branntwein aus roten Trauben, der häufig aus geharzten Weinen hergestellt wird. 40 bis 45 %.

Obstgeist
Obstbranntwein aus zuckerarmen, unvergorenen Früchten unter Zusatz von Monopolsprit. 38 bis 50 %.

Obstwasser
Branntwein aus dem Alkohol vergorener Steinobst- und Beerenfrüchte.
38 bis 50 %.

Ouzo
Griechischer Anisée, der in seinem Heimatland auch als «*griechisches Mineralwasser*» bezeichnet wird.
Für seine Herstellung werden mehrere Anissorten verwendet, die zumeist zwei Mal gebrannt werden.
40 bis 50 %.

Pernod
Französischer Anisbranntwein mit Kräuterauszügen. 45 %.

Pisco
Chilenischer Branntwein aus roten (Muskateller-) Trauben.
Pisco ist das Nationalgetränk in Chile und reift in Tonfässern heran.
40 bis 43 %.

Quetsch
Zwetschgenwasser aus der Pfalz oder dem Elsaß. Die Schweizer nennen ihren Zwetschgenbrand liebevoll «*Pflümli*». 40 %.

Raki
Türkischer Branntwein mit Anisgeschmack aus Rosinen und Feigen. Er enthält zuweilen auch Kräuterauszüge. 40 bis 50 %.

Rum
Jahrhundertelang war Rum, ein Destillat aus vergorener Zuckerrohrmelasse, das Leib- und Magengetränk der Seefahrer, Freibeuter und Schmuggler und ebenso lang selbst begehrtes Schmugglergut.
Seine Heimat ist die Karibik, wo er auch heute noch neben Zucker das wichtigste Exporterzeugnis ist, aber auch die Antillen oder Mexiko haben sich als Rumproduzenten einen Namen gemacht.
Die verschiedenen Rumsorten ergeben sich durch die Zugabe von unterschiedlichen Gewürzen: Karamelzucker, Zimt, Vanille, Rosinen, Ananas oder Bataya-Akazien. 38 bis 75 %.

Übrigens wurde der Trafalgarheld Lord Nelson, als er während der Schlacht fiel, in einem mit Rum gefüllten Sarg «*heil*» über den Ozean in seine Heimat gebracht.

Das ABC der Branntweine

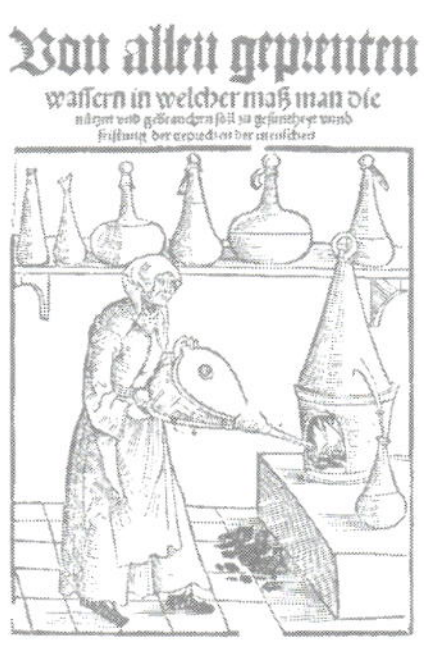

Sake
Japanisches Nationalgetränk aus Reismelasse, das leicht nach Pflaume oder Sherry schmeckt. 16 bis 19 %.

Sliwowitz
Typisches Zwetschgenwasser der Balkanländer. Der Name leitet sich von dem serbischen Wort für Pflaume ab: *sliva*. Zwischen 25 (Keka) und 55 (Ljuta) %.

Steinhäger
Westfälischer Branntwein mit Wacholderaroma. 38 %.

Tequila
Mexikanisches Nationalgetränk, das bereits von den Azteken genossen wurde. Tequila ist ein Destillat aus Pulque, dem vergorenen Saft der Maguey-Agave. Seinen Namen erhielt dieser Branntwein von der Ortschaft Tequilla im Bundesstaat Jalisco. 40 bis 45 %.

Weinbrand
Deutscher Edelbranntwein aus Weindestillaten. Das deutsche Weingesetz unterscheidet zwischen *Qualitätsbranntwein aus Wein, Weinbrand* und *Branntwein aus Wein*. Weinbrand muss mindestens 85% in Deutschland gebrannten Weinalkohol enthalten und ein halbes Jahr lang in Eichenfässern gelagert worden sein. 38%iger Branntwein aus Wein muss nicht in Deutschland gebrannt und sechs Monate gelagert worden sein.
In Österreich wird zwischen Weinbrand echt (= Alkohol zu 100% aus Wein) und Weinbrand (= Alkohol zu 50% aus Wein) unterschieden.

Weingeist
Weingeist ist ein klassischer Ansatzalkohol, der auch unter den Namen Trinkbranntwein, reiner Alkohol, Äthanol oder Äthylalkohol (C_2H_5OH) bekannt ist. Andere gebräuchliche Bezeichnungen sind Sprit oder Feinsprit. Für die Herstellung von sehr feinen und geschmeidigen Likören wird zumeist Feinsprit verwendet, der mehrere Male über Holzkohle gebrannt (rektifiziert) wurde.
Das wiederholte Brennen über Holzkohle und anschließende Filtrieren bewirkt, dass unangenehme Geruchs- und Geschmacksstoffe aus dem Ursprungs-Branntwein entfernt

werden. Weingeist enthält stets mindestens 96,4 Vol.% Alkohol. Erhältlich ist er in Drogerien oder Apotheken, die allerdings Weingeist nur in kleinen Mengen abgeben dürfen. Wer größere Mengen benötigt, muss ein wenig »hamstern», bevor er mit der Likörherstellung beginnen kann.

Whisky
Die Bezeichnung Whisky (in Irland und den USA Whiskey) ist aus dem gälischen Wort *usquebaugh* oder auch *uisge beatha* entstanden und bedeutet Lebenswasser.
Es gibt vermutlich eine Verbindung zur mittelalterlichen lateinischen Bezeichnung *aqua vitae* für Branntwein. Im Französischen kennt man bis heute ebenfalls die Bezeichnung *eau de vie* für eine große Branntweingruppe. Es ist bekannt, dass Whisky bereits im 12. Jahrhundert in Irland gebrannt worden ist.
Als *uiske* wird er im 15. Jahrhundert erstmals in Schottland erwähnt.
Seit dieser Zeit nimmt er unter den alkoholischen Getränken der angelsächsischen Welt einen Ehrenplatz ein. Es handelt sich immer um einen aus den Destillaten verzuckerter und vergorener Maische verschiedener Getreidearten hergestellten Branntwein, der den jeweils spezifischen räumlichen Gegebenheiten angepasst wurde.
40 bis 45 %.

Wodka
Der Name leitet sich von dem russischen Wort *woda* = Wasser ab. Durch Anfügen der Verkleinerungssilbe -ka wurde Wodka daraus: Wässerchen. Der Name ist vermutlich eine volkstümliche Vereinfachung des Begriffs Lebenswasser. Wodka ist ein aus Getreide- und Kartoffeldestillaten in Polen oder Russland hergestellter Branntwein. Neben klaren Wodkasorten gibt es auch aromatisierte Wodkas, die Essenzen aus Büffelgras, Schlehen, Sherry, Pfeffer, Zitrusfrüchten, Kräutern oder Wurzeln enthalten.
40 bis 56 %.

Glasklar:

Wasser bei der Likörbereitung

Wasser ist eines der wichtigsten Ingredienzien in der häuslichen Likörbereitung. Zur Verdünnung der für die Likörherstellung nötigen Säfte eignet sich weiches oder destilliertes Wasser besonders gut. In der Regel können Sie aber davon ausgehen, dass die häusliche Wasserqualität den Ansprüchen einer guten Likörbereitung genügt. Sollte es jedoch mit so viel Chlor versetzt sein, dass der üblicherweise neutrale Geruch und Geschmack des Trinkwassers negativ beeinflusst ist, dann ist es besser, das Chlor mit Hilfe eines Spezialfilters mit Aktivkohle zu entfernen oder doch destilliertes Wasser zu verwenden.

Wasser dient auch der geschmacklichen Verbesserung der Liköre. Finden Sie den Likör zu kräftig nach den Zutaten schmeckend oder bei hochprozentigem Ansatzalkohol zu «stark», hilft der Zusatz von Wasser dem Problem ab.

Des Menschen
Seele gleicht
dem Wasser:
Vom Himmel
kommt es,
Zum Himmel
steigt es,
Und wieder nieder
zur Erde muss es,
Ewig wechselnd.

(Johann Wolfgang
Goethe)

Zucker:

Kunterbunt und parfümiert

Just a spoon full of sugar makes the medicine go down in the most delightful way

Mit ´nem kleinen Löffel Zucker nimmst du jede Medizin angenehm und sehr bequem

(Mary Poppins, 1965)

«Die den Zucker sieden, schmausen ihn nicht», hieß es im 16. Jahrhundert in den Zuckerkolonien.
Und selbst noch vor 200 Jahren galt Zucker als Luxusartikel, der hauptsächlich den wohlhabenden Kreisen zur Verfügung stand.
Zu jener Zeit war das tropische Zuckerrohr der einzige Rohstofflieferant. Erst die Entdeckung des Zuckers in der Runkelrübe durch Andreas Sigismund Marggraf im Jahre 1747 ermöglichte es, auch in unseren Breiten Zucker zu produzieren. Sein Schüler Franz Carl Achard gründete 1801 die erste Rübenzuckerfabrik in Cunern, Schlesien. Damit begann der Aufschwung der Zuckerindustrie in Deutschland und Zucker wurde für jeden erschwinglich.

Glücklicherweise, denn der Wunsch nach Süßem ist eines der Grundbedürfnisse der Menschen. In der Dichtung und im täglichen Leben ist *"süß"* ein Begriff des besonderen Genusses. Wir sprechen von *«süßen Wonnen»*, einer *«süßen Qual»* und besingen zu Weihnachten den *«süßen Klang der Glocken»*. Der *«süße Fratz»* oder die *«süße Maus»* sind in allen Sprachen beliebte Kosenamen.
Bei Likör denken viele Menschen automatisch an ein süßes Damengetränk, ein *«boisson de femmes»*, wie die Franzosen sagen. Zucker gehört tatsächlich, neben Alkohol und Wasser, zu den Hauptingredienzien in der Likörbereitung.
Die Zugabe erfolgt zumeist in Form von Sirup oder einer Zuckerlösung. So vermischen sich Früchte und Zucker besser und das Getränk wird süffig-weich. Für den Likörerzeuger ist der Reinheitsgrad einer Zuckersorte maßgeblich.
Beim Rohr- oder Rübenzucker unterscheidet man zwischen Würfel-, Hut-, Kristall- und Kandiszucker. Der Kandiszucker ist der reinste Zucker. Ihm folgen Hutzucker, Kristallzucker und die Raffinade.
Zucker ist für die Likörzubereitung nicht nur Geschmacksstoff, sondern auch unentbehrlich zur Konservierung des Likörs, er macht das Getränk zudem sämig. Die Angaben in den Rezepten sind Empfehlungen. Je nach Süße der Früchte kann mehr oder weniger verwendet werden. Bei Bedarf kann der Ansatz auch nachgesüßt werden.

Herstellung von Zuckersirup

Es gibt viele unterschiedliche Rezepte für die Herstellung von Zuckersirup. Da für die Likörbereitung im Allgemeinen große Mengen benötigt werden, finden Sie hier ein Rezept für die Herstellung von 5 l Zuckersirup:

5 kg feinen Zucker mit 2,1 l destilliertem Wasser vermischen und unter stetigem Rühren zum Kochen bringen. Ist der Siedepunkt erreicht, 3,5 g in wenig Wasser aufgelöste Zitronen- oder Weinsäure hinzufügen. Die sich rasch verdickende Masse etwa zehn Minuten köcheln lassen.
Dabei den sich auf der Oberfläche bildenden Schaum mit einem Schaumlöffel abschöpfen, wie er auch bei der Zubereitung von Marmelade Verwendung findet.
Den Sirup abkühlen lassen und filtern.
In Flaschen füllen und fest verschließen.

Zuckercouleur

Mit gebranntem Zucker kann ein natürlicher Farbstoff hergestellt werden, der selbst gemachtem Likör ein appetitliches Aussehen verleiht. Hierzu verwendet man am besten Kristallzucker, der unter ständigem Rühren in einer Pfanne erhitzt wird. Nach und nach beginnt er zu schmelzen, wird dunkler und nimmt schließlich ein sirupartiges Aussehen an. Wichtig ist, die Zuckercouleur sorgfältig

शर्करा

Das Wort *Zucker* wurde zuerst im Indischen Sanskrit als *sarkara* (Zerriebenes) nachgewiesen.

Zucker:

Kunterbunt und parfümiert

im Auge zu behalten, da sie eine starke Neigung zum Verkohlen besitzt. Die erhaltene zähe Masse wird in einem Becherglas zu gleichen Teilen mit einer Alkohol-Wasser-Mischung (1 zu 1) vermischt. Nach wenigen Tagen sinken die alkoholunlöslichen Partikel zu Boden. Nun muss die über dem Bodensatz stehende klare Flüssigkeit abgegossen und in kleine Fläschchen abgefüllt werden. Sie hält sich, gut verschlossen, längere Zeit.

Kunterbunter Zuckersirup

Zuckersirup lässt sich auch mit Lebensmittelfarben oder Pflanzen einfärben, um die natürliche Farbe der selbst gemachten Liköre und Ansatzschnäpse zu betonen. Lebensmittelfarbe gibt es flüssig und in Pulverform zu kaufen. Origineller ist es, die hausgemachten Spirituosen mit Pflanzenteilen einzufärben: mit Rosen, Veilchen, Spinat ....

Holundersirup

250 g reife Holunderbeeren mit 1/8 l Wasser aufkochen, bis die Beeren weich und musig sind. Dann vorsichtig durch ein Mulltuch pressen und mit 50 g feinem Zucker aufkochen. Nach dem Erkalten in Flaschen füllen.

Holundersirup gibt einen schönen, dunklen Rotton.

Rosensirup

Die Herstellung von Rosensirup ist ein Grund, mit dem ersten Hahnenschrei aufzustehen: In den frühen Morgenstunden sind die dafür notwendigen Rosenblüten besonders frisch! Gepflückt werden nur unbehandelte Blüten, am besten aus dem eigenen Garten.

Benötigt wird ein 1-Liter-Gefäß, das bis zur Hälfte mit gepflückten Blütenblättern gefüllt wird. Anschließend den Saft einer halben frisch gepressten Zitrone über die Blätter geben und das Ganze mit 1/8 l kochendem Wasser übergießen.
Diesen Ansatz in ein dicht schließendes Einmachglas geben und drei Tage an einem kühlen und dunklen Ort ziehen lassen.
Anschließend durch den Entsafter laufen lassen und durch ein Mulltuch pressen.
Den erhaltenen Saft zusammen mit 150 g feinem Zucker aufkochen und nach dem Erkalten in kleine Flaschen abfüllen.
Der sanft getönte Rosensirup lässt sich mehrere Monate aufbewahren.

Spinatsirup

200 g frische, saftige Spinatblätter waschen und in den Entsafter oder Mixer geben. Anschließend durch ein Mulltuch pressen, mit 2 Eßl. fertigem Zuckersirup vermischen und sofort verwenden.

Die angegebene Menge reicht für das Einfärben von 1 Liter Pfefferminz- oder Kräuterlikör. Der Sirup hat keine unerwünschten Geschmackswirkungen auf den fertigen Likör.

Veilchensirup

Einen 1-Liter-Topf mit frischen Veilchenblüten füllen und sofort nach dem Pflücken abdecken, damit sich ihr empfindliches Aroma nicht verflüchtigt. Dann die Blütenblätter mit dem frisch gepressten Saft einer Zitrone beträufeln und mit 300 ml kochendem Wasser übergießen.
Diese Mixtur mit einem Teller beschweren und den Topfdeckel aufsetzen, bevor der Topf für zwei Tage an einen dunklen und kühlen Ort gestellt wird. Nach Ablauf dieser Zeit die Blütenblätter von Hand auspressen und den erhaltenen Saft mit 100 g Zucker aufkochen.
Den bläulichen Sirup nach dem Erkalten in Flaschen abfüllen.

Safransirup

Safran macht nicht nur den Kuchen gehl, sondern verleiht auch Apfel- und Birnenlikören eine schöne, goldgelbe Farbe.

Dazu 8 g rötlichen Safran mit 1/4 l kochendem Wasser aufbrühen und so lange köcheln lassen, bis die Flüssigkeit auf die Hälfte eingekocht ist.
Durch ein Mulltuch pressen und mit 80 g Zucker aufkochen.
Nach dem Erkalten in Flaschen füllen.

Parfümierter Zucker

Zucker besitzt kein eigenes Aroma, sondern schmeckt einfach nur süß. Es ist jedoch möglich, ihn mit natürlichen Ingredienzien zu parfümieren und damit den selbst gemachten Ansatzschnäpsen und Likören eine feine geschmackliche Note zu verleihen.

Holunderblütenzucker

Eine beliebig große Menge frischer Holunderblüten bei 50° C eine halbe Stunde im Backofen trocknen und eine weitere halbe Stunde im geschlossenen Ofen ruhen lassen. Wenn sich die Blüten von den Stielen streifen lassen, sind sie fertig.
Nun die Blüten zwischen den Fingern zerbröseln und mit Zucker vermischen (1 zu 5). In einem Glasgefäß aufbewahren.

Zucker:

Kunterbunt und parfümiert

Vanillezucker

Echter Vanillezucker ist der Klassiker unter den aromatisierten Zuckersorten und viel köstlicher als sein künstliches Surrogat.

Zwei Vanilleschoten der Länge nach halbieren und dann ihr Inneres mit einem kleinen Löffelchen herausschaben. Anschließend mit 100 g Zucker vermischen. Die Schalen der Vanilleschoten in kleine Stücke schneiden und dann im Mörser zerstoßen. Die pulverisierten Schoten ebenfalls mit 100 g Zucker vermischen und das Ganze zur ersten Mischung geben. Alles gut schütteln und in ein Glasgefäß sieben.

Echter Vanillezucker gibt nicht nur Likören, sondern auch Ihrem Gebäck eine besondere Note!

Orangenzucker

Eine beliebige Anzahl unbehandelter Orangen unter fließendem heißen Wasser waschen und sorgfältig trockenreiben. Anschließend die Schale mit einer feinen Reibe abraspeln und je Orange mit 50 g Zucker vermischen.

Zitronenzucker

Das Verfahren ist dasselbe wie für Orangenzucker. Sie können es auch mit allen übrigen Zitrusfrüchten ausprobieren.

Rosenzucker

100 g Würfelzucker mit 10 ml echtem Rosenöl übergießen. Anschließend die Zuckerwürfel langsam an einem warmen Ort trocknen, zwischen zwei Geschirrtücher legen und vorsichtig mit einem Nudelholz zerdrücken. Die Zuckerkrümel in einem Glasgefäß aufbewahren.

Veilchensirup, Rosenzucker und andere «Likör-Nebenprodukte» sind wie der fertige Likör ein schönes, individuelles Geschenk. In kleine originelle Gefäße gefüllt, überraschen Sie damit garantiert!

... Dies gibt in tiefer Winterszeit
Erwünschteste
Gelegenheit
Mit einem Zucker
Dich zu grüßen
Abwesenheit mir
zu versüßen....

(Aus einem Geburtstagsbrief Goethes an Charlotte von Stein vom 25. Dezember 1815. Zusammen mit dem Brief schickte er Charlotte ein Zuckergeschenk.)

Von A bis Z
– würzige Aromaträger aus der Natur

Für die Bereitung von Ansatzschnäpsen und Likören sind alle Früchte geeignet, die einen hohen Zuckergehalt besitzen und darüber hinaus über ausreichend Fruchtsäure verfügen. Die in diesem Buch genannten Zutaten erheben dabei keinen Anspruch auf Vollzähligkeit, da es daneben noch viele andere Früchte und Blüten gibt, die sich ebenso für die häusliche Spirituosenherstellung eignen.

Auf Rezepte für Kräuterliköre wurde weitgehend verzichtet, da es in der privaten, vor allem in der städtischen Haushaltsführung, sehr schwierig ist, die nötigen Kräuter ausfindig zu machen. Enzian & Co. wachsen eben nur in einsamen Gebieten und stehen dazu häufig auch noch unter Naturschutz. Darüber hinaus sind Kräuterliköre aus Thymian, Rosmarin oder Spitzwegerich spezielle Heilschnäpse und entsprechen damit nicht dem genussbetonten Anspruch dieses Buches. Wir haben hier nur einige Beispiele für Gewürz- und «*Magen*»liköre aufgenommen, die auch zu Hause unkompliziert herstellbar sind.

Für die Herstellung von aromatischen Fruchtlikören kann die gesamte Frucht

ebenso verwendet werden wie ihr Saft. Dem intensiven Aroma der zu verwendenden Frucht kommt dabei eine besondere Bedeutung zu, mehr noch als dem Alkoholanteil. Für alle Früchte und Blüten gilt, dass sie gesund, ohne Druckstellen, ausgereift und sauber sein müssen, um ihr volles Aroma in der Flasche einfangen zu können. Grundsätzlich ist es sinnvoll, Obst und Blumen aus dem eigenen Garten zu verwenden, oder, wenn das nicht möglich ist, diese beim Biobauern oder in einem Naturkostladen zu erwerben. Nur so kann man sicher sein, seine selbst gemachten Liköre und Schnäpse frei

von Pestiziden und anderen Schadstoffen zu halten. Die häusliche Likörbereitung sollte stets im Rhythmus der Jahreszeiten erfolgen. Nicht nur, dass die Früchte in ihrer Saison entsprechend reichlich und günstig angeboten werden, nein, sie sind dann auch viel aromatischer als ihre Schwestern aus dem Treibhaus. Ausnahmen stellen lediglich Südfrüchte wie Orangen, Ananas oder Bananen dar, die es inzwischen rund ums Jahr zu kaufen gibt. Auch hier kann man aber sicher sein, dass beispielsweise Babyananas im Sommer besser und süßer schmecken als im Winter und man sollte die Likőransätze entsprechend planen.
Einmal gekauft oder gepflückt, sollten die Früchte und Blüten umgehend weiterverarbeitet werden. Nur aus besten Zutaten kann ein guter Likör oder Schnaps entstehen und lange Lagerung zerstört nicht nur das kostbare Aroma dieser Gaben der Natur, sondern auch ihre wertvollen Inhaltsstoffe. Wenn sich eine Lagerung ausnahmsweise nicht vermeiden lässt, sollten die Früchte ungewaschen im Kühlschrank oder einer gut gekühlten Speisekammer aufbewahrt werden. Es empfiehlt sich jedoch, Früchte nie länger als einen Tag liegen zu lassen, da sonst der natürliche Gärungsprozess zu weit fortschreitet und die Ingredienzien für die Spirituosenherstellung unbrauchbar werden.

Der Aufstellungsort eines Ansatzes ist von grundlegender Bedeutung für das spätere Aroma und Aussehen des fertigen Likörs. Bei jedem Ansatz werden ja unterschiedliche Früchte oder Blüten verwendet, die alle ihr Aroma und ihre Farbe an den Ansatzalkohol abgeben sollen.
Nun ist aber nicht jeder Farbstoff, nicht jedes Aroma in gleichem Maße UV-stabil. Es gibt sehr zarte Pflanzen, die sich bei zu intensiver Sonneneinwirkung bräunlich verfärben und dem fertigen Likör ein unappetitliches Aussehen verleihen können. Andere Früchte verlieren bei starker Sonneneinstrahlung an Aroma. In den Rezepten wird dies sorgfältig berücksichtigt und darauf hingewiesen, wenn ein Likőransatz sich im Schatten wohler fühlt als in der Sonne. Das gilt auch für die Lagerung des fertigen Likörs.

Ernte-Kalender

Saisonkalender

Der Saisonkalender gibt im Überblick Auskunft, wann die Früchte naturreif im Angebot sind bzw. bei ganzjährig angebotenem exotischen Obst, wann es besonders aromatisch und für die Likörherstellung am besten geeignet ist

	Januar	Februar	März	April	Mai
Äpfel	●	●	●	●	●
Ananas	●	●	●	●	●
Aprikosen					
Bananen	●	●	●	●	●
Birnen	●	●	●	●	●
Brombeeren					
Erdbeeren				●	●
Grapefruites	●	●	●	●	●
Himbeeren					●
Johannisbeeren					
Kiwis	●	●			●
Kumquats	●	●			●
Melonen				●	●
Orangen	●	●	●	●	●
Passionsfrüchte	●	●	●	●	●
Pfirsiche					
Pflaumen					
Pomelos	●	●	●	●	●
Quitten	●	●			
Sauerkirschen					●
Stachelbeeren					●
Süßkirschen					●
Weintrauben	●	●	●		
Zitronen	●	●	●	●	●
Zwetschgen					

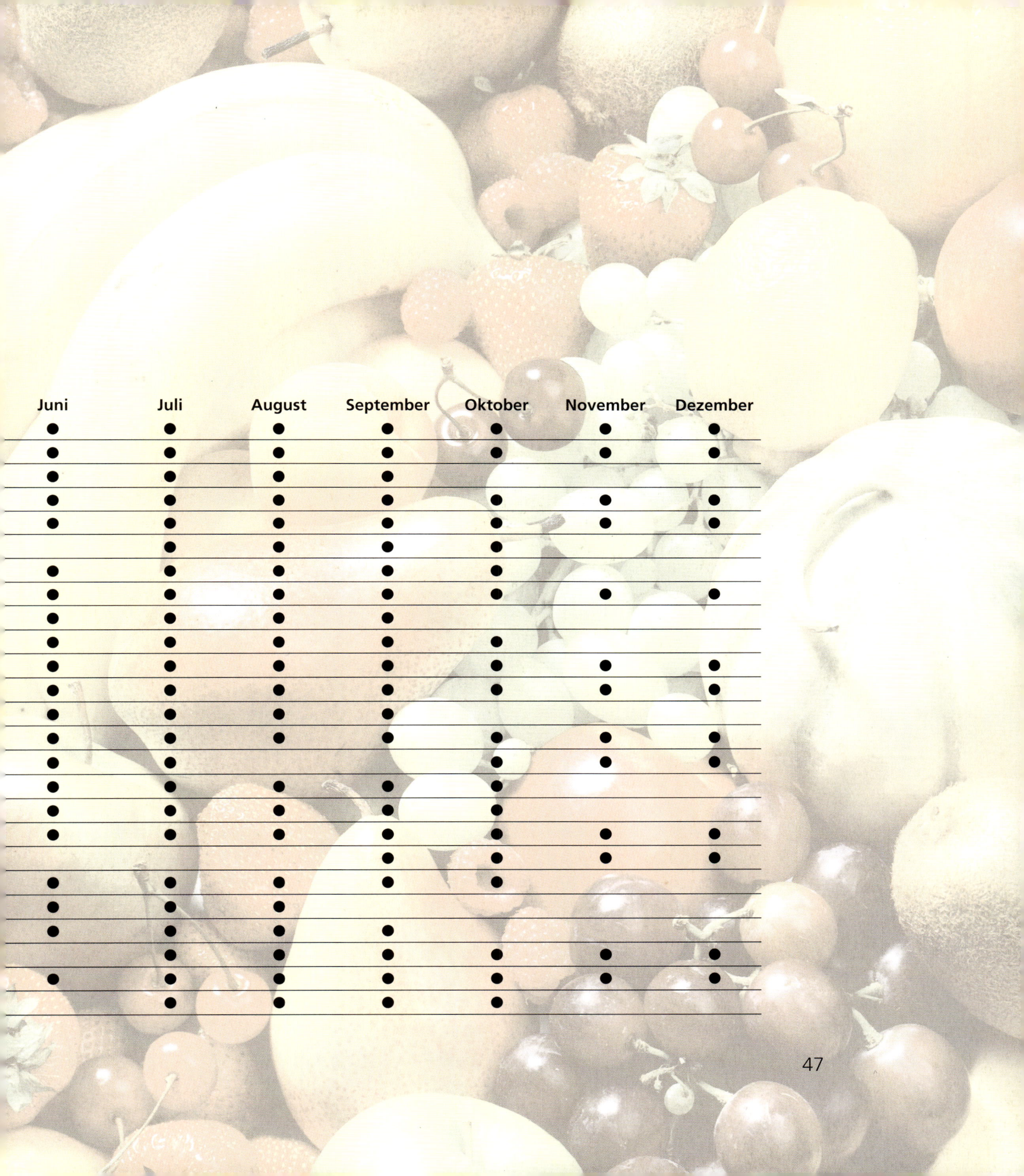

Juni	Juli	August	September	Oktober	November	Dezember
●	●	●	●	●	●	●
●	●	●	●	●	●	●
●	●	●	●			
●	●	●	●	●	●	●
●	●	●	●	●	●	●
	●	●	●	●		
●	●	●	●	●		
●	●	●	●	●	●	●
●	●	●	●			
●	●	●	●	●		
●	●	●	●	●	●	●
●	●	●	●	●	●	●
●	●	●	●			
●	●	●	●	●	●	●
●	●			●	●	●
●	●	●	●	●		
●	●	●	●	●		
●	●	●	●	●	●	●
			●	●	●	●
●	●	●	●	●		
●	●	●				
●	●	●	●			
	●	●	●	●	●	●
●	●	●	●	●	●	●
	●	●	●	●		

Von A bis Z
– würzige Aromaträger aus der Natur

Ananas
Der große Seefahrer Kolumbus entdeckte nicht nur Amerika, sondern im Jahre 1493 auf Guadeloupe auch die Ananas. Heute ist sie in den tropischen Ländern weit verbreitet. Nur wenige Ananas-Fans wissen, dass eine Ananas jeweils aus einer ganzen Ansammlung von Früchten besteht, die beim Heranreifen zusammengewachsen sind. Reife Ananas strömt einen intensiven Duft aus und besitzt Blätter, die sich mühelos herauszupfen lassen. Mit so genannter Babyananas lässt sich ein schnelles Dessert zaubern: Einfach die kleinen Früchte quer halbieren, aushöhlen, Fruchtfleisch würfeln, mit frischen Himbeeren und Ananasgeist oder Himbeerlikör vermischen und zurück in die Fruchtschalen füllen.
Zum Servieren mit Schlagsahne verzieren oder die Oberseite mit den Bättern wieder aufsetzen.

Ananasgeist
Zubereitungszeit 5 Wochen

500 g frische Ananas
1 Vanilleschote
0,7 l Wodka
1/8 l Zuckersirup

Ananas in Stücke schneiden.
Vanilleschote der Länge nach halbieren und zusammen mit der Ananas mit Wodka übergießen. Eine Woche zugedeckt an einem kühlen Ort ziehen lassen.
Durch ein Mulltuch abfiltern und dabei die Ananasstücke sorgfältig auspressen.
Ein zweites Mal filtern und mit Zuckersirup vermischen. Gegebenenfalls noch ein Mal filtern. In frische Flaschen füllen und einen Monat reifen lassen.

Probieren Sie auch folgendes Rezept:

Ananas Cobbler

2 cl Curaçao
2 cl Ananasgeist
1 Barlöffel Zuckerlösung
4 Stücke Ananas
Sekt

Glas zur Hälfte mit gestoßenem Eis füllen, Curaçao, Geist und Zuckerlösung darübergeben, umrühren. Mit Ananas dekorieren und den Sekt auffüllen.

Apfelkorn
Zubereitungszeit 4 Wochen

3 saure Äpfel
1 l Korn

Äpfel waschen, trockenreiben und vom Kerngehäuse befreien. Mit Schale klein schneiden und mit Korn übergießen. Gefäß verschließen und an einem warmen Ort rund drei bis vier Wochen ziehen lassen. Zwischendurch verkosten. Abfiltern und in Flaschen füllen.

Apfellikör
Zubereitungszeit 2 Wochen

500 g saure Äpfel
0,7 l Calvados
1/4 l Wasser
250 g Zucker
1/4 l Quittensaft
etwas frischer Zitronensaft
Zimtpulver
3 g Gelatinepulver

Äpfel waschen, entkernen und zusammen mit dem Calvados im Mixer pürieren. Den Fruchtbrei in ein Einmachglas geben und rund 14 Tage kühl stellen. Anschließend abfiltern. Aus Wasser und Zucker eine Zuckerlösung bereiten. Den Quittensaft mit dem Gelatinepulver verrühren, mit Zitronensaft und Zimt abschmecken. Alle Flüssigkeiten sorgfältig verrühren und in Flaschen füllen.

Apfel
Der Apfel war schon den Steinzeitmenschen bekannt und eroberte vor rund 5000 Jahren Europa. Wie alle Apfelprodukte schmeckt auch Apfellikör einfach köstlich zu Käse!

Apfelkorn
Vor einigen Jahren galt Apfelkorn als »Modegetränk« und auch heute noch zählt er zu den beliebtesten Schnäpsen. Wenn Sie ihn selbst herstellen, verwenden Sie am besten besonders aromatische, säuerliche Apfelsorten.

Von A bis Z
– würzige Aromaträger aus der Natur

Aprikose
Die Aprikose zählt zu den ältesten Obstsorten und war ursprünglich in China beheimatet.
Von dort hat sie ihren Weg über das Kaspische Meer nach Europa gefunden. Aprikosenliköre und -schnäpse sind eine herrliche Ergänzung zu süßen Aprikosengerichten wie Kuchen, Kompott oder Konfitüre.

Aprikosenlikör
Zubereitungszeit 11 Tage

500 g Aprikosen
3 g Gelatinepulver
3 Nelken
1/2 Zimtstange
1/2 l Weingeist
200 g Zucker
1/8 l Wasser
Weinbrand
etwas frischer Zitronensaft

Aprikosen waschen, trockenreiben und entsteinen. Dabei einige Steine für den Extrakt aufheben. Aprikosenkerne auf ein Brettchen legen, mit einem Küchentuch bedecken und mit dem Hammer zerschlagen. Die zerstoßenen Kerne mit 1/8 l Weingeist übergießen, in ein Einmachglas geben, verschließen und acht Tage ziehen lassen. Die Früchte durch den Fleischwolf drehen und in die Schüssel geben. Das Gelatinepulver in ein wenig lauwarmem Wasser anrühren und unter das Fruchtpürree mengen. Nelken und die halbe Zimtstange hinzufügen.
Den Brei 12 Stunden ziehen lassen.
Dann durch ein Mulltuch abfiltern und die Rückstände kräftig mit der Hand auspressen. Den Saft mit 1/4 l Weingeist übergießen. Abfiltern und Saft-Weingeist-Mischung und Kern-Extrakt mit dem restlichen Achtelliter Weingeist vermengen. Die Zuckerlösung, den Weinbrand und ein wenig Zitronensaft dazugeben.
Nach dem Anrühren drei Tage stehen lassen, bis sich der Likör gesetzt hat. Erneut filtern und in Flaschen füllen.

Backpflaumenlikör
Zubereitungszeit 5 Wochen

100 g saftige Backpflaumen
1/4 l Wodka
400 g Zucker
1/2 l Wasser
1/8 l Sliwowitz
Wasser zum Auffüllen

Backpflaumen entkernen und in ein Einmachglas geben. Einige Pflaumenkerne mit Hilfe von Küchentuch und Hammer zerkleinern und den Pflaumen hinzufügen. Wodka über die Pflaumen gießen. Einmachglas verschließen und einen Monat ziehen lassen. Von Zeit zu Zeit sanft umrühren. Anschließend abfiltern und mit wenig (!) Wasser nachspülen. Aus Zucker und dem halben Liter Wasser eine Zuckerlösung herstellen und dazugeben. Mit Sliwowitz abschmecken und mit Wasser auf einen Liter auffüllen. Fünf Tage ruhen lassen, filtrieren und in Flaschen füllen.

Honig ist ein süßes Geschenk der Bienen an die Menschen. Bereits die Urzeitmenschen spürten den Wildbienen nach, um ihre versteckten Nester aufzustöbern und die mit flüssigem Honig gefüllten Waben ausbrechen zu können. Im Altertum galt Honig als ebenso köstliches wie kostbares Gut. Die Menschen opferten ihn den Göttern und benutzten ihn als Nahrungs-, Heil- und Schönheitsmittel. In Ägypten galt Honig als Serum gegen Skorpion- und Schlangenbisse. Und für die Griechen war er - allein oder mit Wein vermischt - das Universalheilmittel überhaupt. Im Mittelalter schließlich wurde die Imkerei von den Klöstern gefördert.

Aber auch außerhalb der Klostermauern fanden die fleißigen Bienen immer mehr Abnehmer, so dass sich das Handwerk der Honigschneider oder Zeidler entwickelte. Die Mitglieder der Zeidlergilde waren hoch angesehen in der mittelalterlichen Gesellschaft. Sie besaßen Zollfreiheit und eigene Gerichtsbarkeit, durften Waffen tragen und Schuldner pfänden.

Als mit der Zeit Honig und Wachs der Wildbienen immer begehrter und dadurch knapper wurde, gingen die Zeidler dazu über, ausschwärmende Bienen in künstliche Baumhöhlen zu locken. Später nahmen sie Holzklötze, bohrten und brannten sie aus und versahen sie mit Deckeln. Diese so genannten Klotzbeuten konnten an jedem beliebigen Ort aufgestellt werden. Dies war die Geburtsstunde der Imkerei mit Hausbienen.

Bevor der Honig durch Rohr- und Rübenzucker Konkurrenz erhielt, war er das einzige Süßmittel und war ebenso teuer wie Salz. Er wurde zum Einmachen, zur Metbrauerei oder zum Backen von Lebkuchen verwendet. Aus Honig kann aber auch ein edler Likör hergestellt werden. Und wer es probieren möchte, kann auch andere Liköre nicht mit Zucker, sondern mit Honig süßen. Allerdings sind - je nach Honig - Mengenangaben schwierig, so dass man einfach ausprobieren muss, was gut wird.

Aus einer Felsmalerei in der Arana-Höhle in Spanien (ca. 10 000 v.u.Z.): Honigsammlerin in einem Baum, von Bienen umschwärmt

Von A bis Z
– würzige Aromaträger aus der Natur

Ehe man den Weinstock kennenlernte, bediente man sich des Honigs, sowohl zum Getränk als zu Trankopfern.

(Plutarch)

Bärenfang
Zubereitungszeit 6 Wochen

450 ml flüssiger Honig
220 ml Wasser
440 ml Weingeist
Wasser zum Auffüllen
Zuckercouleur

Die 220 ml Wasser im Topf erhitzen und den Honig unter ständigem Rühren darin auflösen. Darauf achten, dass der Honig nicht kocht! Abkühlen lassen und mit dem Weingeist vermischen. Nach Belieben mit Zuckercouleur verschönern und längere Zeit kühl stellen, damit sich die Dextrin- und Eiweißstoffe des Honigs schneller setzen können. Wenn sich der Likör geklärt hat, filtern und in Flaschen füllen.

Wissen Sie eigentlich, wie dieser Likör zu seinem Namen kam? Es geht die Kunde, dass einst die Bauern in Masuren (Südostpreußen) arg von den Bären geplagt wurden. Da ihnen die Jagd auf die Bären jedoch bei Strafe verboten war, verfielen sie nach vielem Grübeln schließlich auf die Idee, Alkohol mit dem Bärenlockmittel Honig zu vermischen und in großen Töpfen in den Wäldern zu verteilen. So kam es, dass die Bären sich an dieser Köstlichkeit berauschten, selig einschlummerten und von den Bauern ohne Gefahr überwältigt werden konnten. Es ist anzunehmen, dass die Bauern bei den aufreibenden Strapazen dieser neuen Form der Bärenjagd

schließlich auch auf den Geschmack kamen. Die Bären sind bedauernswerterweise heute in Masuren ausgestorben, aber der Bärenfang wird noch immer getrunken und kündet weit über die Grenzen Masurens hinaus von der guten alten Zeit.

Birnenlikör
Zubereitungszeit 1 Tag

1/4 l klarer Birnensaft
1/4 l Wasser
350 g Zucker
330 ml Wodka

Birnensaft, Wasser und Zucker vermischen und auf 85° C erhitzen. Nach dem Abkühlen Wodka hinzufügen und in Flaschen füllen.

Birne
Birnen, seit Jahrhunderten kultiviert, schmecken erfrischend und enthalten eine hohe Menge wertvoller Vitamine und Mineralstoffe. In Deutschland gibt es rund 700 verschiedene Birnensorten, von denen vor allem Dessertbirnen wie die Williams-Christ-Birne, die Vereinsdechantsbirne oder die Conférence-Birne für die Likörbereitung besonders gut geeignet sind. Am besten kauft man sie, wenn sie noch nicht richtig reif sind und bewahrt sie bei Zimmertemperatur einen Tag auf, um sie nachreifen zu lassen. Birnen haben den richtigen Reifegrad, wenn sie am Stielende ein wenig nachgeben. Dann sollten sie sofort verarbeitet werden.

Von A bis Z
– würzige Aromaträger aus der Natur

Brombeere
Die Brombeere ist trotz ihrer Stacheligkeit eine der beliebtesten heimischen Beeren. Ursprünglich war sie in den Wäldern Eurasiens und Nordamerikas beheimatet. Inzwischen ist sie aber auf der gesamten nördlichen Halbkugel als Wild- und Kulturpflanze weit verbreitet.

Tipp:

Mit einem Schuss Brombeer-Korn lässt sich jeder Schwarztee in eine exquisite Köstlichkeit verwandeln!

Brombeer-Korn
Zubereitungszeit 6 Monate

250 g reife Brombeeren
150 g Kandiszucker
1 Zimtstange
0,7 l Doppelkorn

Die Brombeeren sorgfältig verlesen, nicht waschen! Mit Kandis und Zimtstange vermischen und Korn darüber gießen. Gefäß verschließen und auf eine sonnige Fensterbank stellen. Nach acht Wochen durch ein Mulltuch filtern und in Flaschen abfüllen. Vor dem Genuss noch drei bis vier Monate ruhen lassen.

Brombeerlikör
Zubereitungszeit 2 Wochen

500 g reife Brombeeren
1/4 l Wasser
250 g Zucker
etwas frischer Zitronensaft
1/8 l Sauerkirschsaft
1/4 l Weingeist
3 EL Apfelkorn
Wasser zum Auffüllen

Brombeeren verlesen und mit einer Gabel zerdrücken. Das Fruchtmus in eine bauchige Flasche geben und zur Gärung ansetzen. Nach rund fünf Tagen abfiltern.
Den während der Gärung entstandenen Trester in den Entsafter geben und den erhaltenen Saft unter den vergorenen Saft rühren. Aus Wasser und Zucker eine Zuckerlösung herstellen. Saft und Zuckerlösung mit Zitronensaft, Sauerkirschsaft, Weingeist und Apfelkorn vermischen.
Mit Wasser auffüllen, bis eine Menge von einem Liter erreicht ist. Die Flüssigkeit an einem kühlen Ort eine Woche ziehen lassen, abfiltern und in Flaschen füllen.

Brombeerwässerchen
Zubereitungszeit 9 Tage

500 g reife Brombeeren
1 EL Heidelbeeren
1 EL Himbeeren
1/2 l Wodka
300 g Staubzucker
2 EL Weinbrand

Beerenfrüchte mit einer Gabel zerdrücken und 3 Tage lang bei einer Temperatur von mindestens 20°C angären lassen. Den angegorenen Saft abpressen und 200 ml Wodka hinzufügen. Diese Mischung an einem kühlen Ort drei Tage klären lassen. Den klaren Saft mit einem Schlauch abziehen.
Obstrückstände auspressen, sofort mit dem restlichen Wodka auffüllen und drei Tage ziehen lassen. Erneut pressen.
Die beiden Rohliköre vermischen, Zucker dazugeben und filtern.
Abschließend mit Weinbrand abschmecken und in schöne Flaschen füllen.

Créme de Framboise
Zubereitungszeit 8 Wochen

500 g frische Himbeeren
Schale einer unbehandelten halben Zitrone
0,7 l Brandy
1/2 l Zuckersirup

Himbeeren abspülen, pürieren und mit Zitronenschale und Brandy ansetzen. Vier Wochen an einem kühlen Ort ziehen lassen. Durch ein Mulltuch abfiltern und die Fruchtmasse dabei kräftig ausdrücken. Gegebenenfalls noch ein Mal filtern. Mit Zuckersirup vermischen und in kleinen Flaschen sechs Wochen reifen lassen. Dieser Likör schmeckt köstlich zu Eis oder Vanillecreme!

Crema de Plátano
Zubereitungszeit 1 Woche

2 Bananen
1/2 Vanilleschote
1/4 Zimtstange
1/2 l Zuckersirup
0,7 l Wodka

Die Bananen schälen, pürieren und mit den übrigen Zutaten vermischen. Rund eine Woche ziehen lassen. Sorgfältig filtern und in Flaschen füllen.

Die Crema de Plátano kann sofort genossen werden, erhält nach einer Reifezeit von drei Monaten aber ein intensiveres Aroma. Sie schmeckt wundervoll als Aperitif oder über Vanilleeis!

Von A bis Z

– würzige Aromaträger aus der Natur

Erdbeere
Unsere heimische Gartenerdbeere ist erst vor rund 200 Jahren aus einer Kreuzung zwischen der amerikanischen Wildart der kleinen Scharlachbeere und der großfruchtigen «Schönen von Chile», die der französische Fregattenkapitän und Hobbybotaniker Amédée François Frezier 1714 von seinen Fahrten mitbrachte, entstanden. Sie gilt zu Recht als «Königin der Beeren». Etwa 2,5 kg Erdbeeren werden pro Kopf jedes Jahr von den Deutschen verzehrt.

Walderdbeeren kannten schon unsere Urahnen. Erste Funde reichen bis in die Steinzeit zurück. Bereits in der Antike priesen römische Dichter Aroma und Duft der kleinen, zarten Walderdbeeren. Die Dichter Vergil , Ovid und Plinius beschrieben die Vorzüge dieser «fraga»/»fregum» genannten Früchte.

Crème de Poire

Zubereitungszeit 10 Tage

500 g reife Birnen
3/8 l Wodka
Wasser zum Auffüllen
1/4 l Wasser
250 g Zucker
etwas frischer Zitronensaft
Weinbrand zum Abschmecken

Birnen waschen, entkernen und zerkleinern. Dabei sehr schnell arbeiten, damit die Birnen sich nicht bräunlich verfärben. Die Früchte zusammen mit dem Wodka in den Mixer geben und pürieren. In ein Einmachglas geben und dicht verschlossen zehn Tage ruhen lassen. Aus dem Viertelliter Wasser und dem Zucker eine Zuckerlösung herstellen und unter den Liköransatz mischen. Mit Zitronensaft und Weinbrand abschmecken. Filtern und in Flaschen füllen.

Erdbeerlikör

Zubereitungszeit 3 1/2 Wochen

500 g reife Erdbeeren
250 g Zucker
3 g Gelatinepulver
0,7 l Weinbrand
Wasser zum Auffüllen

Erdbeeren waschen, trockentupfen und mit einer Gabel zerdrücken. Mit Zucker bestreuen. Gelatinepulver in lauwarmem Wasser quellen lassen und auf das Erdbeermus geben. Das Ganze einen Tag Saft ziehen lassen. Am darauf folgenden Tag den Erdbeersaft in ein frisches Gefäß schütten, mit 1/4 l Weinbrand übergießen und kühl stellen. Den zurück gebliebenen Erdbeertrester durch ein Mulltuch pressen und den so entstandenen Saft mit dem restlichen Weinbrand übergießen. Nach einer Woche die Trester-Weinbrand-Mixtur abfiltern. Mit der Saft-Weinbrand-Mischung verrühren und zwei Wochen ruhen lassen. Filtern und in Flaschen aus blauem oder grünem Glas abfüllen, da Erdbeerlikör sehr lichtempfindlich ist.

Erdbeerlikör sollte nicht an heißen Tagen hergestellt werden, da die Erdbeeren sonst vorzeitig zu gären beginnen. Feinschmecker verwenden für Erdbeerlikör die kleinen, aromatischen Walderdbeeren.

Der botanische Name «fragaria» taucht zum ersten Mal bei Matthäus Silvatius im Jahre 1330 auf.
Dieser Begriff leitet sich ab von dem lateinischen Wort «fragare» (duften).

Im Mittelalter wurden Walderdbeeren auf großen Flächen kultiviert. Man kannte bereits allerlei Kulturmethoden, um die Reife zu beschleunigen oder die Ernte zu verlängern. Allerdings musste, wer sich damals am Geschmack der Erdbeere erfreuen wollte, mehrere Tagelöhne dafür opfern.
Edward I. verdanken wir die Entdeckung der Erdbeere als Genussmittel. Davor wurde sie nur wegen ihrer Heilkräfte gesammelt und verspeist.

Heute gibt es weit über tausend verschiedene Sorten und jedes Jahr kommen ein paar neue hinzu.

Von A bis Z
– würzige Aromaträger aus der Natur

Grapefruit
Heimat dieser Frucht sollen die westindischen Inseln gewesen sein. Dabei handelt es sich um eine Kreuzung aus Pampelmuse und Apfelsine. Heute sind die wichtigsten Anbauländer die USA und Israel. Der Name Grapefruit (Traubenfrucht) ist aus der Art entstanden, wie die Früchte am Baum wachsen.

Gewürzlikör
Zubereitungszeit 8 Tage

3 Pfefferminzblätter
3 Zitronenblätter
3 Melissenblätter
3 Salbeiblätter
3 Basilikumblätter
3 Lorbeerblätter
3 Teeblätter
5 Rosmarinblätter
3 Kamillenblüten
3 Wacholderbeeren
2 Gewürznelken
1 Prise Safran
1 Zimtstange
400 ml Weingeist
300 g brauner Zucker
350 ml Mineralwasser ohne Kohlensäure

Alle Gewürze mit dem Weingeist in eine bauchige Glasflasche geben und eine Woche ziehen lassen. Aus Zucker und Mineralwasser einen Sirup kochen. Beim Kochen den Schaum abschöpfen. Erkalten lassen, abfiltern und zum Gewürzansatz geben. Einen weiteren Tag ziehen lassen. Dann durch ein Sieb gießen und die Gewürze sorgfältig ausdrücken. Den Likör filtern und in eine hübsche Flasche füllen.

Dieser aromatische Likör schmeckt nicht nur gut, sondern ist auch wohltuend bei Kopfschmerzen und Magendrücken.

Blue Grapefruit
Zubereitungszeit 10 Tage

2 unbehandelte Grapefruits
3/4 l Brandy
1/4 l Zuckersirup
blaue Lebensmittelfarbe

Grapefruits waschen und sorgfältig trockenreiben. Schale abraspeln und mit Brandy übergießen. Zehn Tage abgedeckt an einem kühlen Ort ziehen lassen. Abfiltern und mit Zuckersirup vermischen. Blau einfärben und in Flaschen füllen.

Hagebuttengeist
Zubereitungszeit 4 Monate

500 g Hagebutten,
150 g weißer Kandis,
0,7 l Kirschwasser

Hagebutten waschen und gut abtropfen lassen. Dann halbieren und mit einem Löffel ein wenig zerdrücken. Mit dem Kandis in ein Einmachglas geben und mit Kirschwasser auffüllen. Glas verschließen und bei Zimmertemperatur eine Woche ruhen lassen. Anschließend durch ein Mulltuch filtern und in Karaffen oder kleine Flaschen abfüllen. Wer mag, kann einige frische, saubere Hagebutten in den Flaschenhals geben. Flaschen verschließen und mindestens weitere vier Monate reifen lassen.

Hagebuttenlikör
Zubereitungszeit 2 Wochen

500 g Hagebutten,
$^{1}/_{2}$ l Wodka,
250 g Zucker,
$^{1}/_{8}$ l Wasser

Hagebutten waschen und gut abtropfen lassen. Dann halbieren, in ein Einmachglas geben und mit Wodka übergießen.
Das Einmachglas verschließen und zwei Wochen an einen warmen, sonnigen Platz stellen. Aus Zucker und Wasser eine Zuckerlösung herstellen. Hagebuttenansatz filtern und die Zuckerlösung dazugeben.
In Flaschen füllen. Hagebuttenlikör gewinnt während der Lagerung an Aroma!

Zum Sammeln der leuchtend roten Hagebutten sollten Sie Handschuhe anziehen, um sich an den Stacheln nicht zu verletzen. Die Früchte der wilden Hecken- oder Hundsrose (Rosa canina) sind besonders fleischig und aromatisch. Pflücken Sie sie nach dem ersten Frost, wenn sie noch nicht ganz weich sind!

Doch wenn
lebendiges,
scharlachrotes Feuer
Die Saat des
Sommers umhüllt,
Schmelzen Hagebutten den Schnee
Und lassen den
dornigen Busch
der wilden Rose in
Flammen stehen
Wie Schönheit
die unvergängliche
Saat der Liebe

(Mary Webb)

Von A bis Z
– würzige Aromaträger aus der Natur

Heidelbeere
Ursprünglich wuchs die Wildform der Heidelbeere in den Wäldern Vorder-asiens und Südeuropas. Heute finden wir sie auch in den heimischen Nadelwäldern und weiten Teilen Nordamerikas. In den Alpen werden die kugeligen blauen Beeren auch «Schwarzbeere» genannt, in anderen Gegenden «Blaubeere».

Himbeere
Die feinste aller Beeren war ursprünglich nur in Südeuropa heimisch. Heute wachsen Himbeeren auch in Mittel- und Nordeuropa, in Nordamerika sowie in Asien.

Heidelbeerlikör
Zubereitungszeit 6 Wochen

500 g reife Heidelbeeren
0,7 l Branntwein
350 ml Zuckersirup
50 ml Cognac
5 ml Nelkenessenz
5 ml Zimtessenz
1/4 TL Muskat
1 Prise Ingwer

Heidelbeeren mit einer Gabel zerdrücken und bei einer Raumtemperatur von 20° C zwei Tage angären lassen; dabei zwei bis drei Mal am Tag umrühren.
Saft abpressen und 100 ml (!) Branntwein hinzufügen. Für drei Tage an einen kühlen Ort stellen, damit sich der alkoholisierte Saft klären kann, dann mit einem Schlauch abziehen und filtern. Anschließend mit Zuckersirup und restlichem Branntwein vermischen. Das Ganze mit Cognac, Essenzen und Gewürzen abschmecken.
Fünf Wochen reifen lassen, filtern und in Flaschen abfüllen.

Die saftige Heidelbeere trägt in vielen Regionen Deutschlands auch den Namen Blau- oder Schwarzbeere. Das Farbspiel während ihrer Reifung hat sich im Volksmund in folgender Warnung nieder geschlagen: *«Iss keine roten Schwarzbeeren, denn sie sind noch ganz grün!»*

Himbeergeist
Zubereitungszeit 1 Woche

500 g frische Himbeeren
0,7 l Gin
450 g Zucker

Himbeeren waschen, mit einer Gabel zerdrücken und mit den übrigen Zutaten vermischen. Eine Woche lang an einem kühlen Ort ziehen lassen. Dabei jeden Tag sanft schütteln. Abfiltern, wenn sich der Zucker vollständig aufgelöst hat.
In schönen Flaschen aufbewahren.

Holunder-Brandy

Zubereitungszeit 6 Wochen

1 kg reife Holunderbeeren,
125 g Zucker,
0,7 l Weinbrand

Holunderbeeren kurz abbrausen und grobe Stiele entfernen (Bitterstoffe!). Die Beeren tropfnass in einen Topf geben und mit Zucker überstreuen. Im geschlossenen Topf erhitzen und so lange köcheln lassen, bis die Beeren aufplatzen. Dann mit einem Mixstab pürieren, die Masse in einen mit einem Mulltuch ausgelegten Durchschlag füllen und über Nacht abtropfen lassen. Am folgenden Tag den erhaltenen Saft mit Weinbrand vermischen und in Flaschen füllen. Mindestens sechs Wochen reifen lassen.

Ein Schnapsgläschen Holunder-Brandy ergibt mit dem Saft einer halben Zitrone und ein wenig heißem Wasser ein ideales Erkältungsgetränk!

Holunderbeerenlikör

Zubereitungszeit 1 Tag

500 g reife Holunderbeeren
1/2 Vanilleschote
1/4 l Wasser
500 g Zucker
1/2 l Weinbrand
1/8 l roter Johannesbeersaft
2 EL frischer Zitronensaft

Holunderbeeren waschen, abzupfen und mit der halben Vanilleschote und wenig Wasser etwa fünf bis zehn Minuten kochen lassen. In der Zwischenzeit aus Wasser und Zucker eine Zuckerlösung bereiten. Holunderbeeren in einen Entsafter geben und den erhaltenen Saft mit Weinbrand und Zuckerlösung vermischen. Die Mixtur abfiltern. Johannisbeersaft und Zitronensaft hinzufügen und in Flaschen füllen.

Tipp:

Zu diesen feinen, geschmeidigen Likören schmecken leckere Hollerkrapfen. Dazu werden gewaschene, sanft trocken getupfte Holunderblütendolden in Brandteig getaucht und in heißem Öl gold-braun ausgebacken.

Von A bis Z
– würzige Aromaträger aus der Natur

Holunderblütenlikör
Zubereitungszeit 6 Wochen

250 g Holunderblütendolden
1/2 l Weingeist
1/4 l Wasser
500 g Zucker
1/8 l fruchtiger Weißwein

Holunderblütendolden vom Strauch schneiden, schütteln, nach Insekten absuchen und vorsichtig unter fließendem Wasser waschen. Die Dolden zusammen mit dem Weingeist in ein Einmachglas geben und drei Tage dicht verschlossen an einem warmen Ort stehen lassen.
Aus Wasser und Zucker eine Zuckerlösung herstellen. Blütenansatz abfiltern und mit der Zuckerlösung vermengen. Mit Weißwein abschmecken. In Flaschen füllen und vor dem Genuss fünf Wochen reifen lassen. Kühl lagern.

An heißen Tagen ein ganz vorzügliches Erfrischungsgetränk ergibt ein Schuß Holunderblütenlikör, aufgefüllt mit kaltem Universalwasser. Eine lieblich schmeckende «altmodische» Limonade auch für sommerliche Gartenfeste!

Johannisbeer-Korn
Zubereitungszeit 5 Monate

Je 200 g rote und schwarze Johannisbeeren
4 TL Zucker
1 l Doppelkorn

Johannisbeeren waschen, abtropfen lassen und von den Rispen streifen. Beeren mit Zucker in eine Flasche geben und mit Korn übergießen. Die verschlossene Flasche vier Wochen stehen lassen, bis die Flüssigkeit eine schöne tiefrote Farbe angenommen hat. Filtern und in saubere Flaschen füllen. Sorgfältig verschließen und vier Monate reifen lassen.

Johannisbeer-Korn schmeckt im Sommer besonders gut auf schmelzendem Vanilleeis.

Johannisbeere
Die Johannisbeere ist vorwiegend in Nordeuropa und Nordasien heimisch. Ganz gleich, ob in der roten, schwarzen oder der weißen Form - alle Johannisbeeren zeichnen sich durch einen säuerlichen Geschmack und eine saftige Konsistenz aus. Das macht sie zu einer idealen Basis für viele leckere Likörkompositionen.

Kartäuserlikör
Zubereitungszeit 12 Tage

3 g Korianderkörner
1,5 g Aniskörner
1 cm Zimtstange
1 g Angelikawurzel
1 Prise Muskatnuss
1 Msp. Safran
0,5 g Ysopspitzen
0,5 g Melisse
0,5 g Quendel
1 Tannenknospe
1 l Branntwein
650 g brauner Zucker
1/4 l Mineralwasser ohne Kohlensäure
grüne Lebensmittelfarbe

Alle Kräuter und Gewürze in einem Mörser zerstoßen. Mit Branntwein in einen Glasballon füllen und verschließen. Zehn Tage ziehen lassen, dabei zwei Mal täglich sanft durchschwenken. Am letzten Tag ruhen lassen. Aus Zucker und Mineralwasser einen Sirup kochen, erkalten lassen, abfiltern und dem Ansatz hinzufügen.
Gut schütteln und zwei Tage ruhen lassen. Den Likör zwei Mal filtern, dabei vor der zweiten Filterung die Pflanzenteile gut auspressen. Grün einfärben und in Flaschen abfüllen.

Kartäuserlikör eignet sich sowohl als Aperitif als auch als Digestif!

Zimt
Zimtstangen sind die getrocknete Rinde einer aromatischen immergrünen Pflanze aus der Familie des Lorbeers, die in China und Indonesien seit Jahrhunderten kultiviert wird.
Bereits im 2. Jahrtausend v. Chr. überquerten die Indonesier den indischen Ozean auf der so genannten «Zimtstraße» und landeten mit ihren Waren in Madagaskar und Sansibar. Dort tauschten sie Zimt gegen Glaswaren, Bronze, Kleidung und Schmuck. Häufig kamen den Indonesiern an der ostafrikanischen Küste die Schiffe der Pharaonen entgegen.
Die ägyptischen Priester benötigten Zimt für ihre Zeremonien und zum Einbalsamieren der Toten. Auch in der ägyptischen Heilkunde fand Zimt für kosmetische Zwecke Verwendung.
Heute wird Zimt auch auf den Seychellen und in Indien angebaut.

Von A bis Z

– würzige Aromaträger aus der Natur

Kirschlikör
Zubereitungszeit 5 1/2 Monate

200 g Schattenmorellen
200 g weißer Kandis
1 Zimtstange
1 Gewürznelke
0,7 l Weinbrand

Kirschen waschen und gut abtropfen lassen. Vorsichtig trockentupfen. Stiele abzupfen. Einige Kirschen entsteinen und diese mit dem Hammer zerschlagen. Kirschen, zerstoßene Kirschkerne, Kandis und Gewürze in einen Rumtopf geben und mit Weinbrand übergießen. Topf verschließen und sechs Wochen ziehen lassen. Dann den Likör abfiltern und in Flaschen füllen. Mindestens vier Monate reifen lassen.

Kirschlikör mit Kirschwasser
Zubereitungszeit 1 Woche

1/4 l Kirschwein
1/4 l Zuckersirup
1/8 l Kirschwasser
1/2 l Wodka

Kirschwein, Zuckersirup und Kirschwasser vermischen. Wodka hinzufügen und eine Woche ziehen lassen. Abfiltern und in Flaschen füllen. Kühl lagern und innerhalb eines Jahres verbrauchen.

Kirschlikör mit Jamaicarum
Zubereitungszeit 1 Woche

1/4 l Kirschwein
1/4 l Zuckersirup
1/8 l Jamaicarum
1/2 l Wodka

Die Zubereitung entspricht in sämtlichen Schritten dem Rezept für Kirschlikör mit Kirschwasser.

Kirschlikör schmeckt köstlich auf sahnigem Vanilleeis oder Pudding!

Tipp:

Fast jeder Likör gewinnt durch längere Lagerung an Aroma, Kirschlikör im Besonderen. Deshalb nicht zu zeitig probieren!

Von A bis Z
– würzige Aromaträger aus der Natur

Kiwi
Die Heimat der Kiwifrucht sind die hochgelegenen Waldgebiete Chinas. Heute werden Kiwis überwiegend in Neuseeland angebaut. Dort haben sie, nach dem flaumig befederten Wappenvogel der Neusee-länder, auch ihren Namen erhalten.

Kiwilikör
Zubereitungszeit 8 Wochen

10 druckfeste Kiwis
250 g weißer Kandis
1 Vanilleschote
0,7 l Korn
grüne Lebensmittelfarbe

Kiwis schälen und in kleine Stücke schneiden. Vanilleschote der Länge nach halbieren und alles mit den übrigen Zutaten in eine Flasche füllen. Rund acht Wochen an einem dunklen Ort ziehen lassen, abfiltern und nach Belieben einfärben. In kleine Flaschen abfüllen.

Kleeschnaps
Zubereitungszeit 8 Wochen

3 Handvoll Blüten vom Rotklee
1 l Korn
100 g weißer Kandis

Kleeblüten vorsichtig im kalten Wasser spülen und sanft trockentupfen. Kandis in ein Einmachglas geben, Kleeblüten hinzufügen und alles mit Korn übergießen. Sechs Wochen auf einem sonnigen Fensterbrett ziehen lassen, filtern und in Flaschen abfüllen. In den Flaschen weitere zwei Wochen nachreifen lassen.

Der Mensch unterscheidet von Natur aus zwischen Kräutern und Unkräutern, und so möge er zur rechten Zeit die einen wässern und die anderen ausmerzen.

(Francis Bacon)

Von A bis Z
– würzige Aromaträger aus der Natur

Pfeffer, Ingwer,
Nelken, Zimt
Und Muskaten-
blüte
Habe ich hier,
sie sind bestimmt
Von besond're
Güte

(Friedrich
Wilhelm Güll)

Kräuteraperitif
Zubereitungszeit 12 Tage

6 g Angelikasamen
6 g Korianderkörner
4 g Fenchelkörner
4 g Aniskörner
1 unbehandelte Zitrone
Fruchtfleisch einer halben Zitrone
1 1/2 l Wodka
500 g brauner Zucker
300 ml Mineralwasser ohne Kohlensäure

Alle Körner in einem Mörser zermahlen, die Schale der Zitrone abreiben, das Fruchtfleisch der halben Zitrone in sehr kleine Stücke schneiden und alles mit dem Wodka in einen Glasballon füllen.
Verschließen, kräftig schütteln und zehn Tage ziehen lassen.
Während dieser Zeit zwei Mal täglich sanft schwenken. Aus Zucker und Mineralwasser einen Sirup kochen, erkalten lassen und durch ein sauberes Küchentuch filtern.
Sirup zum Kräuteransatz geben, gut schütteln und einen Tag ruhen lassen.
Am folgenden Tag abfiltern und in eine frische Flasche füllen.

Lemon & Lime Liqueur
Zubereitungszeit 3 Wochen

Schale von je vier unbehandelten Zitronen und Limonen
0,7 l Wodka
250 ml Zuckersirup

Schalen der Zitrusfrüchte in ein Einmachglas geben und mit Wodka übergießen. Fest verschließen und zwei Wochen ziehen lassen. Abfiltern. Mit Zuckersirup vermischen und in Flaschen abfüllen.
Vor dem Genießen eine Woche reifen lassen.

Marillengeist
Zubereitungszeit 1 Tag

400 ml Marillensaft,
zerstoßene Marillenkerne,
300 ml Zuckersirup,
300 ml Wodka

Alle Flüssigkeiten und die Kerne gut vermischen, durchfiltern und in schöne Karaffen füllen.

Von A bis Z
– würzige Aromaträger aus der Natur

Orangen
mussten es doch
immer sein!

(Bertolt Brecht)

Mothers´ Best (Beruhigungslikör)
Zubereitungszeit 8 Wochen

10 g Kalmuswurzel
2 EL unbehandelte Orangenschale
2 EL unbehandelte Zitronenschale
10 g Kamillenblüten
5 g Aniskörner
5 g Kümmel
5 g Wacholderbeeren
1 l Doppelkorn
500 g brauner Zucker
150 ml Mineralwasser ohne Kohlensäure

Zitrusfrüchteschalen fein hacken und die übrigen Gewürze in einem Mörser zermahlen. Mit dem Korn in eine Flasche geben und drei Wochen ziehen lassen. Jeden Tag ein Mal durchschütteln. Am letzten Tag ruhen lassen. Aus Zucker und Mineralwasser einen Sirup kochen. Abkühlen lassen, filtern und in den Liköransatz geben. Einen weiteren Tag ruhen lassen. Dann abfiltern und dabei die Pflanzenrückstände gut auspressen. Ein zweites Mal filtern, in schöne Flaschen abfüllen und vor dem ersten Genuss weitere vier Wochen ruhen lassen.

Mothers´ Best ist ein ausgezeichnetes Beruhigungsmittel, das in früheren Zeiten unruhigen Bräuten vor der Hochzeit von ihren Müttern eingeflößt wurde. Auch bei anderen nervösen Erregungszuständen und Schlaf-

losigkeit ist er zu empfehlen. Man trinkt ein kleines Gläschen, eventuell mit heißem Wasser verdünnt, kurz vor dem Zubettgehen.

Nach dem Essen wirkt dieser Likör verdauungsfördernd.

Orangenlikör
Zubereitungszeit 2 Wochen

3 unbehandelte Orangen
1 unbehandelte Zitrone
1/4 l Wodka
500 g Zucker
1/4 l Wasser
Weinbrand
etwas frischer Zitronen- und Orangensaft

Zitrusfrüchte fein schälen, so dass alles Weiße von der Schale entfernt ist, da dieses zu viele Bitterstoffe abgibt. Schalen mit Wodka übergießen. Zehn Tage ziehen lassen, dann abfiltern. Aus Zucker und Wasser eine Zuckerlösung bereiten, und dem Extrakt hinzufügen. Mischung mit Weinbrand, Zitronen- und Orangensaft abschmecken.
Anschließend vier Tage kühl stellen. Drei Mal durch einen Papierfilter laufen lassen und in Flaschen füllen. Rasch verbrauchen!

Orange
Orangen werden seit über 3000 Jahren in Südchina angebaut. Heute haben sich die prallen Früchte auch den Rest der wärmeren Zonen der Welt erobert und zählen neben Äpfeln und Bananen zu den beliebtesten Früchten der Deutschen.

Von A bis Z

– würzige Aromaträger aus der Natur

Passionsfrüchte-Wodka
Zubereitungszeit 6 Wochen

150 g Passionsfrüchte
100 g weißer Kandiszucker
$^1/_2$ l Wodka

Passionsfrüchte halbieren, mit einem Löffel das Fruchtfleisch heraus schaben und in eine Flasche geben. Kandiszucker hinzufügen und mit Wodka übergießen. Sorgfältig verschließen und bei Zimmertemperatur zwei Wochen stehen lassen. Zwischendurch kräftig schütteln, damit sich der Kandis besser auflösen kann. Anschließend kalt stellen und weitere vier Wochen ziehen lassen. Soll der Passionsfrüchte-Wodka bald getrunken oder verschenkt werden, können die Kernchen in der Flüssigkeit verbleiben, ansonsten ist es besser, sie abzufiltern.

Pfefferminzlikör
Zubereitungszeit 1 Tag

5 bis 10 Tropfen naturreines Pfefferminzöl
0,5 g kristallisiertes Menthol
$^1/_2$ l Wodka
400 ml Zuckersirup
grüne Lebensmittelfarbe
frische Pfefferminzzweige

Pfefferminzöl und Menthol sorgsam im Wodka auflösen. Mit Zuckersirup vermischen. Mit grüner Lebensmittelfarbe so einfärben, dass der Likör schön »pfefferminzig« aussieht. In langhalsige Flaschen abfüllen und nach Belieben kleine Pfefferminzzweige hineingeben.

Pfirsich
Der Pfirsich stammt ursprünglich aus China. Heute werden die saftigen, Vitamin A spendenden Früchte in allen warmen Klimazonen angebaut. Pfirsiche können weißes und gelbes Fruchtfleisch haben. Für die Likörbereitung eignen sich nur reife Früchte ohne Druckstellen, die sorgfältig transportiert und sofort nach dem Einkauf verarbeitet werden sollten.

Pfirsichlikör
Zubereitungszeit 1 Woche

300 g reife Pfirsiche
350 ml Weingeist
200 ml Wasser
300 g Zucker
5 cl Weinbrand

Pfirsiche waschen, halbieren, entkernen und zerdrücken. Die Kerne öffnen, die Samen zerstoßen und den zerkleinerten Früchten beimengen.
Das Fruchtgemisch mit 100 ml Weingeist übergießen und eine Woche kühl stellen. Dann abpressen, wobei ungefähr 1/4 l Rohlikör gewonnen werden sollte.
Pressrückstände mit Wasser vermischen und erneut pressen. Die beiden Rohliköre miteinander vermengen und abfiltern. Anschließend Zucker dazugeben und Weinbrand sowie die restlichen 250 ml Weingeist hinzufügen.
In Flaschen abfüllen und innerhalb von 6 Monaten verbrauchen.

Schnell hergestellt sind »Beschwipste Pfirsiche»: 500 g halbierte, gehäutete und entsteinte Pfirsiche lagenweise mit 175 g Zucker in ein Glas schichten. 24 Stunden kühl gestellt den Zucker auflösen lassen. Dann Pfirsichgeist oder Himbeergeist auffüllen, nach 4 Wochen genießen!

Grüne Pflaume
Zubereitungszeit 10 Tage

1 kg grüne Pflaumen
3 Nelken
1 Zimtstange
200 ml Zuckersirup
1/2 l Wodka

Pflaumen waschen, halbieren und entkernen. Mit Wodka übergießen und zehn Tage zugedeckt an einem kühlen Ort ziehen lassen. Abfiltern und mit Zuckersirup vermischen. In Flaschen füllen.

Pomelo Brandy
Zubereitungszeit 7 Monate

4 unbehandelte Pomelos
(Grapefruitsorte)
0,7 l Brandy
Zuckersirup nach Belieben

Pomelos waschen, sorgfältig trockenreiben und in Achtel schneiden.
Dabei Kerne gegebenenfalls entfernen.
Mit Brandy übergießen und zugedeckt an einem kühlen Ort fünf Wochen ziehen lassen. Abfiltern, verkosten und nach Belieben mit Zuckersirup süßen. In Flaschen füllen und sechs Monate reifen lassen.

Von A bis Z
– würzige Aromaträger aus der Natur

Quittenlikör
Zubereitungszeit 6 Monate

1 1/2 kg Quitten
150 g Zucker
1/2 l Cognac
20 g Korianderkörner

Quitten mit einem sauberen Tuch sorgfältig abreiben, um die feinen Härchen zu entfernen. Dann mit der Schale grob in eine Schüssel raspeln, mit einem Tuch abdecken und über Nacht kühl stellen.
Am folgenden Tag durch ein Tuch pressen, was ungefähr einen halben Liter Saft ergibt. Saft mit Zucker bei schwacher Hitze köcheln lassen, bis sich der Zucker aufgelöst hat. Abkühlen lassen.
Anschließend mit Cognac und Korianderkörnern in einen sauberen Glasballon füllen und verschließen. Bei Zimmertemperatur drei Monate ziehen lassen. Durch ein Tuch filtern und in Flaschen füllen. Weitere drei Monate reifen lassen.

Großmutters Quittenlikör
Zubereitungszeit 2 Monate

500 g reife Quitten
$^1/_4$ l Wasser
2 g Gelatinepulver
$^1/_8$ l Weingeist
1 l Doppelkorn auf 1 l Saft
300 g Puderzucker
1 Zimtstange
5 Gewürznelken

Quitten waschen, Flaumhärchen abreiben und die Früchte durch den Fleischwolf drehen. Das Quittenpüree mit Wasser eine halbe bis eine Stunde sanft köcheln lassen. Abkühlen. Die Gelatine in warmem Wasser auflösen und mit dem Weingeist unter das Fruchtpüree rühren. 24 Stunden stehen lassen und dann auspressen.
Die Saftmenge abmessen und je Liter Saft 1 l Doppelkorn hinzufügen.
Puderzucker, Zimt und Nelken dazugeben und sorgfältig unterrühren.
In einen Rumtopf geben, verschließen und zwei Monate an einem kühlen Ort ruhen lassen. Filtern und in schöne Karaffen füllen.

Quitte
Die kleinen, harten Früchte der goldfarbenen Quitte sind in den gemäßigten Zonen Nordamerikas, in Zentralasien und natürlich in unseren Breitengraden beheimatet.
Bei uns werden die Früchte vorwiegend in Privatgärten angebaut und zu Marmelade verarbeitet. In England hat die Herstellung von Quittengelee und -likör eine lange Tradition.

Von A bis Z
– würzige Aromaträger aus der Natur

Tipp:

Ein altes Hausrezept für Johannisbeerkorn: 1 kg schwarze Johannisbeeren mit 700 ml Wodka oder Doppelkorn ansetzen, 14 Tage sonnig lagern. Gläschenweise genießen, ab und zu eine Beere mitnaschen! Ausgezeichnet bei Magendrücken.

Roter Ribisel
Zubereitungszeit 1 Tag

1/4 l roter Johannisbeersaft
350 ml Zuckersirup
1/2 l Wodka

Alle Flüssigkeiten gut miteinander vermischen und in schöne kleine Flaschen oder Karaffen füllen. So ist roter Ribisel ein willkommenes Mitbringsel. Er schmeckt pur auf Eis und ist eine wunderbare Grundlage für viele leckere Mixideen.
Schwarzer und roter Johannisbeerlikör (Ribisel, wie man in Österreich zu den Beeren sagt) ist ein gutes Hausmittel bei Magenverstimmungen.

Schwarzer Ribisel
Zubereitungszeit 5 Monate

1 kg reife schwarze Johannisbeeren
125 g Himbeeren
2 Gewürznelken
2 l Cognac
500 g Zucker
1/4 l Wasser

Johannisbeeren waschen, abtropfen lassen, von den Rispen streifen und in einer Schüssel zerdrücken.
Die Himbeeren verlesen und mit den Nelken hinzugeben. Anschließend mit Cognac übergießen. Alles gut durchrühren.
Die Schüssel mit Frischhaltefolie sorgfältig abdecken und bei Zimmertemperatur etwa zwei Monate ziehen lassen.
Nun Zucker und Wasser so lange köcheln lassen, bis sich der Zucker vollständig aufgelöst hat. Abkühlen lassen, filtern und mit der Zuckerlösung vermengen.
In Flaschen abfüllen und verschließen. Mindestens drei Monate reifen lassen.

Rosenlikör
Zubereitungszeit 1 Monat

4 Tassen unbehandelte Rosen-blätter
1/4 l Weingeist
1/4 l Wasser
400 g Zucker
1/4 l Weißwein
1/4 l Doppelkorn

Rosenblätter am frühen Morgen sammeln, um ihr volles Aroma zu erhalten.
Sofort verlesen und nach Insekten absuchen.
In ein Einmachglas geben, mit dem Weingeist übergießen und luftdicht verschließen. Einen Monat ziehen lassen.
Aus Wasser, Zucker und Weißwein eine Zuckerlösung herstellen. Abkühlen lassen.
Rosenblätter-Ansatz abfiltern.
Anschließend mit Doppelkorn nachspülen und die Blätter von Hand auspressen.
Den so gewonnenen Rosenblattextrakt mit der Zuckerlösung vermischen und in bauchige Karaffen füllen.

Sauerkirschgeist
Zubereitungszeit 1 Tag

400 ml klarer Sauerkirschsaft
0,7 l Wodka
300 ml Zuckersirup

Alle Flüssigkeiten miteinander vermischen und in Flaschen abfüllen.

Sauerkirschlikör
Zubereitungszeit 1 Tag

1/2 l klarer Sauerkirschsaft
1/2 l Zuckersirup
1 l Cognac

Alle Flüssigkeiten miteinander vermischen und in kleine Flaschen oder Karaffen füllen.

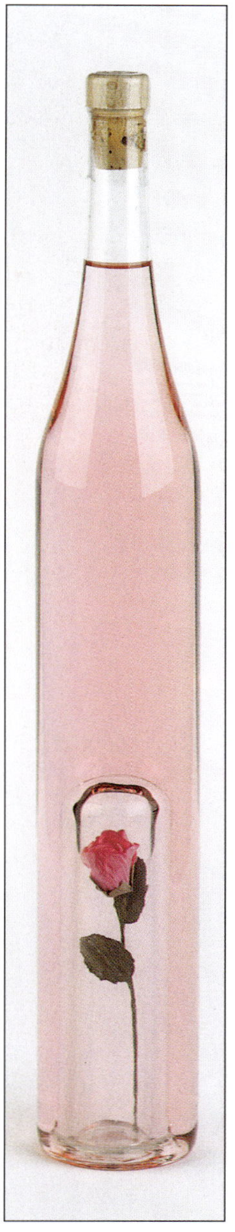

Von A bis Z
– würzige Aromaträger aus der Natur

und mit Gin übergießen. Verschließen und bei Zimmertemperatur sechs Wochen ziehen lassen.
Der Kandis muss sich vollständig auflösen. Die Mischung kräftig schütteln, durch ein Mulltuch filtern und in Flaschen füllen. Sechs bis acht Wochen ruhen lassen. Der anfänglich blaurote Schlehen-Gin nimmt mit der Zeit eine bräunliche Färbung an, was seinen Geschmack aber nicht beeinträchtigt.

Die dunkelblauen Beeren des Schleh- oder Schwarzdorn sollten für die Spirituosenherstellung nach dem ersten Frost geerntet werden. Wer sich nicht so lange gedulden möchte, kann sie auch auf einem Tablett für etwa drei Stunden ins Gefriergerät stellen und nach dem Auftauen verarbeiten.

Schlehen-Gin
Zubereitungszeit 4 Monate

500 g reife Schlehen
125 g Kandis
0,7 l Gin

Schlehen verlesen, kurz waschen und auf einem Küchentuch abtropfen lassen. Die Früchte sollten vor der weiteren Verarbeitung vollkommen trocken sein. Anschließend mit Kandis vermischen

Schlehenlikör
Zubereitungszeit 4 Wochen

250 g reife Schlehen
1/8 l Weingeist
200 g Zucker
1/8 l Wasser
1 Zimtstange
2 Nelken
1/8 l klarer Kirschsaft
Rum
Wasser zum Auffüllen

Schlehen verlesen, kurz abbrausen und sorgfältig trockentupfen.
Beeren im Einmachglas mit einer Gabel zerdrücken und mit Weingeist übergießen. Vier Wochen ziehen lassen.
Aus Wasser und Zucker unter Zugabe der Gewürze eine Zuckerlösung herstellen. Schlehenbeerenextrakt abfiltern und mit der Zuckerlösung vermischen. Kirschsaft hinzufügen und mit Rum abschmecken. Gegebenenfalls mit Wasser auf einen Liter ergänzen. In Flaschen füllen.

Schlehenschnaps
Zubereitungszeit 5 Monate

750 g Schlehen
300 g weißer Kandis
2 Zimtstangen
0,7 l Doppelkorn

Schlehen verlesen, waschen, gut abtropfen lassen und zerdrücken.
Dabei mit dem Mörser auch ein paar Kerne zerstoßen, um ihr feines Aroma freizusetzen. Fruchtbrei mit Kandis und den Zimtstangen in ein Einmachglas geben und den Korn darüber gießen. Einmachglas schließen und bei Zimmertemperatur vier Wochen ziehen lassen, bis sich der Kandis aufgelöst hat.
Abfiltern und in Flaschen füllen. An einem kühlen und dunklen Ort mindestens vier Monate reifen lassen.

Von A bis Z
– würzige Aromaträger aus der Natur

Stachelbeere
Die säuerliche Stachelbeere ist in allen Ländern mit gemäßigtem Klima beheimatet.
Sie reift bereits im Frühsommer heran und ist daher eine der ersten Früchte, die bei der häuslichen Likörbereitung ihren Weg in die Flasche finden. Stachelbeeren können gelb, grün oder rot bis purpurfarben sein und eine glatte oder behaarte Schale haben.
Besonders geeignet für Liköre sind so genannte Kochsorten, die zumeist haarlos sind.
Wer seinem Likör einen feinen Muskatellergeschmack verleihen möchte, gibt in den Liköransatz ein paar frische Holunderblüten.

Stachelbeerlikör
Zubereitungszeit 3 Wochen

500 g reife Stachelbeeren
100 g Süßkirschen
1/4 l Wodka je Liter Saft
1/8 l Wodka
250 g Zucker
1/8 l Wasser
1/8 l Wodka

Stachelbeeren und Kirschen waschen. Kirschen entsteinen und mit den Stachelbeeren durch den Fleischwolf drehen.
Nun die Früchte in bauchige Flaschen zum Vergären geben. Ungefähr 5 Tage an einem warmen Ort gären lassen.
Durch ein Mulltuch filtern und die Fruchtrückstände mit der Hand auspressen.
Mit 1/4 l Wodka je Liter Saft übergießen. Trester mit so viel Wodka übergießen, dass er knapp bedeckt ist. Acht Tage ziehen lassen und zwischendurch vorsichtig umrühren. Abfiltern.
Aus Wasser und Zucker eine Zuckerlösung herstellen. Mit Tresterextrakt und Obstansatz vermischen und den letzten Achtelliter Wodka hinzufügen.
Acht Tage lang ziehen lassen, filtern und in Flaschen füllen.

An Stelle der flaumig behaarten Stachelbeere kann in gleicher Menge auch die süßere Jostabeere verwendet werden. Die Josta ist eine Kreuzung aus schwarzer Johannisbeere und Stachelbeere, die erst seit wenigen Jahren auf dem heimischen Markt erhältlich ist, sich aber bereits ihren Platz im Herzen vieler Hobbygärtner erobert hat. Sie ähnelt in der Farbe der schwarzen Johannisbeere und schmeckt würzig-herb.

Traubenlikör
Zubereitungszeit 1 Tag

700 ml weißer oder roter Traubensaft
200 ml Weinbrand
100 ml Zuckersirup

Alle Flüssigkeiten miteinander vermischen und in kleine Flaschen oder Karaffen abfüllen.

Von A bis Z
– würzige Aromaträger aus der Natur

Wacholder
Wacholderbeeren sind die Früchte eines kleinen stacheligen Strauches, der in vielen Teilen der Welt wild wächst. Die Beeren brauchen drei Jahre, bis sie reif sind, so dass die Büsche Beeren in verschiedenen Entwicklungsstadien tragen. Wacholder war bereits im alten Ägypten bekannt und wurde als Medizin und für die Herstellung von Mundwasser verwendet.
In nachchristlicher Zeit war man der Meinung, dass Wacholder das Böse vertreiben könne, da Christus auf ein Kreuz aus Wacholder genagelt worden ist und seine göttliche Kraft sich daher auf alle Wacholderbüsche übertragen habe.

Wacholdergeist
Zubereitungszeit 3 Wochen

250 g frische Wacholderbeeren
1/2 l Doppelkorn
250 ml Zuckersirup

Wacholderbeeren mit einer Gabel zerdrücken und mit Doppelkorn übergießen. Das dicht verschlossene Gefäß drei Wochen ruhen lassen. Wacholderbeerextrakt abfiltern und mit Zuckersirup vermischen. In Flaschen füllen.

Walderdbeerlikör Jabe
Zubereitungszeit 2 Monate

250 g reife Walderdbeeren
Wodka für den Trester und zum Auffüllen
500 g Zucker
1/4 l Wasser

Walderdbeeren verlesen, aber nicht waschen, da ihr zartes Aroma sehr empfindlich ist. Beeren in einem Glasballon mit gerade so viel Wodka übergießen, dass sie knapp bedeckt sind.
Ballon verschließen und vier Wochen ruhen lassen. Durch ein Mulltuch abfiltern.
Aus Zucker und Wasser eine Zuckerlösung kochen und abkühlen lassen.
Über den Walderdbeerextrakt gießen und mit Wodka auf einen 3/4 Liter auffüllen.
In dunkelwandige Flaschen füllen und vor dem ersten Genuss noch ein Mal vier Wochen reifen lassen.

Wacholderschnaps
Zubereitungszeit 1 Woche

500 g getrocknete Wacholderbeeren
200 ml Wodka

Beeren in eine Flasche füllen und mit Wodka übergießen. Fest verschlossen eine Woche an einem sonnigen Ort ziehen lassen. Abfiltern und in frische Flaschen füllen.

Wein-Trauben-Créme
Zubereitungszeit 1 Woche

1/4 l roter Traubensaft
1/2 l Rotwein
1/2 l Rum
1/4 l Weingeist
750 g brauner Zucker
2 EL Vanillezucker

Alle Zutaten im Mixer verrühren, bis sich der Zucker vollständig aufgelöst hat. In Flaschen abfüllen und eine Woche ruhen lassen.

Tipp:

Wacholderschnaps wurde in früheren Zeiten als «Verjüngungstrank» betrachtet: Ein Fingerhut voll nach dem Abendessen sollte die Säfte besser fließen lassen und für glatte Haut sorgen. Mit einem Löffel Honig eingenommen, galt er als Schmerzmittel und war außerdem sehr beliebt als Einreibung bei Gicht und Rheuma.

Von A bis Z
– würzige Aromaträger aus der Natur

Zitronenlikör
Zubereitungszeit 4 Tage

150 g unbehandelte Zitronenschalen
150 ml Weingeist
1/8 l frischer Zitronensaft
50 ml Weinbrand
200 ml Weingeist
1/4 l Wasser
400 g Zucker
Wasser zum Auffüllen

Die vollkommen von der weißen Pulpa befreiten Zitronenschalen mit 150 ml Weingeist übergießen und sechs Stunden ziehen lassen. Abfiltern. Zitronensaft, Weinbrand und restlichen Weingeist vermischen. Aus Wasser und Zucker eine Lösung herstellen, zum Likőransatz geben. Saft-Alkohol-Mischung darunter rühren und alles für drei Tage in den Kühlschrank stellen. Dann mehrere Male durch ein und denselben Filter gießen und in Flaschen füllen. Innerhalb kurzer Zeit verbrauchen!

Liköre und Schnäpse aus spritzigen Zitrusfrüchten sind besonders vielfältig. Sie geben Salatsoßen den gewissen Pfiff, runden andere Likörmischungen ab oder erfrischen an einem kühlen Sommerabend auf Eis.

Zitrone
Die Heimat der Zitrone liegt in Vorderasien. Der Name entwickelte sich aus dem indischen Wort «limu», welches durch arabische Händler in «limun» abgewandelt wurde. Die Italiener machten daraus «limona» und entwickelten auch das Erfrischungsgetränk Limonade.

Zitronenwodka
Zubereitungszeit 1 Tag

1 unbehandelte Zitrone
0,7 l Wodka

Die äußere Schale von einer unbehandelten Zitrone dünn abraspeln und 24 Stunden im Wodka ziehen lassen. Abfiltern, in Karaffen füllen und - genießen!
Dazu schmecken französische

Apfelwaffeln

250 g Butter
4 Eier
1 TL unbehandelte Zitronenschale
250 g Mehl
1 TL Backpulver
1/8 l lauwarme Milch
300 g geriebene Äpfel
50 g gemahlene Haselnüsse
1/2 TL grüner Kardamom
3 TL Vanillezucker
1 TL Zimt

Butter mit Eiern schaumig schlagen. Mehl und Backpulver mischen und abwechselnd mit der Milch dazugeben. Äpfel und Haselnüsse hinzufügen. Mit Kardamom würzen. Das gut gefettete Waffeleisen heiß werden lassen und je ein bis zwei Esslöffel Teig darin verstreichen. Die französischen Apfelwaffeln goldgelb backen und noch warm mit Vanillezucker und Zimt bestreuen.

Selbstgemachte Zitronenlimonade schmeckt köstlich und kann mit einem Schuss Likör zu einem erfrischenden Sommergetränk aufgepeppt werden:

Geben Sie einfach 4 EL Perlgraupen und die Schale von einer halben unbehandelten Zitrone und einen halben Liter Wasser in einen Topf und bringen Sie das Ganze zum Kochen.
Ohne Deckel etwa 20 Minuten leicht köcheln lassen, dann durchsieben und abkühlen lassen.
Zum Schluss kommen noch der Saft von einer halben Zitrone und ein Löffelchen Honig hinzu. Schmeckt am besten auf Eis!

Klassiker:

Eierlikör & Co.

Neben Likören aus Früchten und Kräutern gibt es auch noch «*Klassiker*» aus Zutaten, die nicht im Garten oder der freien Natur gepflückt werden können. Ohne diese Köstlichkeiten aus Eiern und Sahne oder Kaffee, Tee oder Bier wäre aber ein Buch über Likör-Phantasien nicht vollständig.

Liköre mit Eiern und Sahne oder Milch - als Emulsionsliköre bezeichnet - haben in der Regel einen Alkoholgehalt von nur 20 bis 25 Vol.% und sind deshalb auch nicht lange haltbar. Kühl aufbewahren und die Genüsse bald aufbrauchen!

Eierlikör
Zubereitungszeit 1 Tag

15 frische Eigelbe
350 ml Zuckersirup
210 ml Weingeist
1 EL Vanillezucker
1 Tropfen Bittermandelöl
2 EL Kirschwasser
2 EL Weinbrand
2 EL Rum
3 EL Eiweiß
Wasser zum Auffüllen

Eigelbe sorgfältig von Eiweißen trennen und in den Mischbehälter der Küchenmaschine geben. Zuckersirup untermengen und nach und nach unter ständigem Rühren Weingeist hinzufügen.
Dabei sehr langsam und gleichmäßig arbeiten, um ein Gerinnen des Eigelbs zu verhindern. Anschließend Gewürze und Aromaspirituosen dazugeben.
Nun 30 ml des beiseite gestellten Eiweißes unterrühren und mit Wasser bis zur 1-Liter-Marke auffüllen. Das Ganze in ein großes Einmachglas umfüllen und im Wasserbad (50° C) unter ständigem Rühren erwärmen. Nach dem Abkühlen und dem Abfüllen in Flaschen ist der Eierlikör trinkfertig.

Ein willkommenes Mitbringsel nicht nur zum Osterfest!

Eierlikör mit Marsala
Zubereitungszeit 6 Wochen

5 Eigelbe
350 g Zucker
220 ml süße Sahne
1/4 l trockener Marsala
1 EL Vanillezucker
8 Unzen Brandy (ca. 250 ml)

Eigelbe mit Zucker schaumig schlagen und im Wasserbad erwärmen. Langsam Sahne, Vanillezucker und die Hälfte des Marsalas hineinrühren, bis die Masse eindickt. Im Wasserbad rund fünf Minuten unter Rühren köcheln lassen. Vom Herd nehmen und weiter rühren, bis die Masse abkühlt. Dabei Klümpchen entfernen. Den übrigen Marsala und den Brandy dazugeben. In Flaschen füllen und fest verschließen. Gut schütteln. Rund sechs Wochen reifen lassen.

Dieser Eierlikör nach italienischem Rezept schmeckt besonders gut zu frischem Gebäck oder Eiskrem!

Klassiker:

Eierlikör & Co.

Tipp:

Wie für die anderen Zutaten in der Likörherstellung gilt auch für die Schokolade, dass Qualität und Preis einander bedingen.
Die besten Resultate erzielt man mit der Schweizer Zartbitter-schokolade, Halbbitter oder Chocolat menier.

Was wäre, wenn Quetzalcoatl, der aztekische Gott des Mondes und des Windes, nicht zu den Menschen herabgestiegen wäre, um uns die sagenumwobenen Kakaosamen zu schenken? Ganz einfach, wir müssten heute auf eines der beliebtesten Naschwerke - Schokolade - verzichten.
Die Azteken priesen die Kakaobohnen in den höchsten Tönen, opferten sie ihren Göttern und bereiteten daraus ein schmackhaftes Getränk. Mit den spanischen Eroberern kam die Schokolade dann an den spanischen Hof und trat ihren Siegeszug in ganz Europa an.
Bald schon begannen pfiffige Köpfe, die Xocoatl, wie die Schokolade bei den Azteken genannt wurde, nach europäischen Geschmack zu verfeinern.
Schon im Jahre 1836 wurden in Frankreich 3000 Tonnen Rohkakao teils zu Getränken und teils zu Schokolade verarbeitet. 1880 wurde in der Schweiz die erste Schmelzschokolade hergestellt. Heute sitzt die Schokolade auf einem Ehrenwölkchen im Feinschmeckerhimmel.
Eine wahrhaft himmlische Versuchung ist auch nachfolgender Likör.

Schokoladenlikör
Zubereitungszeit 1 Tag

150 ml Vollmilch
100 g fettarmes Kakaopulver
300 ml Zuckersirup
1 EL Vanillezucker
3 Eier
300 ml Weinbrand

Milch kurz aufkochen und Kakaopulver sorgfältig unterrühren. Die noch heiße Flüssigkeit in die Küchenmaschine oder den Mixer geben und auf 35° C abkühlen lassen. Dann Zuckersirup, Vanillezucker und Eier hinzufügen. Alles gut mischen. Anschließend unter ständigem Rühren tropfenweise den Weinbrand dazugeben. Den fertigen Likör im Wasserbad auf 50° C erwärmen und sofort in eine Karaffe abfüllen. Rasch verbrauchen, da sich der Schokoladenlikör schnell entmischt.

Schokoladenlikör schmeckt nicht nur pur, sondern eignet sich auch hervorragend zum Mixen mit anderen Likören! Versuchen Sie einmal Mischungen aus Schokoladen- und Orangenlikör, Schokolade mit Kokos oder mit Kirsche. Mischen Sie die Liköre Ihrer Wahl im Verhältnis eins zu eins und lassen Sie das Ganze zwei Wochen reifen.

In Mexico wird noch heute ein Liebestrank aus Kakao und Vanille bereitet - nach der Legende wurden die Liebenden Chocolatl und Vanila in Baum und Orchidee verwandelt, deren ineinander verwobene Früchte einen Zaubertrank ergaben.

Klassiker:

Eierlikör & Co.

Haselnuss
Die Haselnuss war zu römischer Zeit unter dem Namen nux avellana bekannt.
Ihr Name leitet sich von der Stadt Avella bzw. Abello in Campanien ab, da sie dort besonders gut gedieh.
Sie spielte während dieser Zeit in den Handelsbeziehungen zwischen Ost- und Südeuropa eine bedeutende Rolle.

Haselnusslikör

Zubereitungszeit 2 Wochen

500 g Haselnüsse
1/4 l Weingeist
1/4 l Wasser
500 g Zucker
1/4 l Wasser
Rum
Wasser zum Auffüllen
Zuckercouleur

Haselnüsse grob hacken und kurz anrösten. Mit Weingeist und 1/4 l Wasser übergießen und im dicht verschlossenen Einmachglas zwei Wochen an einem warmen Ort ziehen lassen. Aus Zucker und dem zweiten Viertelliter Wasser eine Zuckerlösung herstellen. Haselnussextrakt abfiltern und mit der Zuckerlösung vermischen.
Mit Rum abschmecken und mit Wasser auf 1 Liter auffüllen. Einfärben und in Flaschen füllen.

Grüner Walnusslikör
Zubereitungszeit 2 Wochen

100 g halb reife, weiche, grüne Walnüsse
30 g fettarmes Kakaopulver
1 Msp. Muskat
200 ml Weingeist
90 ml Wasser
Wasser zum Auffüllen
2 EL Rum
160 ml Weingeist
300 ml Zuckersirup
1/2 TL Vanillezucker

Walnüsse zerkleinern und abpressen. Den erhaltenen Saft wegschütten. Nüsse und Gewürze in einer Flasche vermischen. Mit 200 ml Weingeist und 90 ml Wasser übergießen. Verschließen und zehn Tage ziehen lassen. Ansatz in einen verschließbaren Messbecher mit 1 Liter Inhalt abfiltern und mit so viel Wasser nachspülen, bis man 290 ml Extrakt gewonnen hat. Rum, 160 ml Weingeist und Zuckersirup hinzufügen und alles gut durchmischen. Mit Vanillezucker abschmecken und mit Wasser bis zur 1-Liter-Marke auffüllen. Verschließen und fünf Tage ruhen lassen. Noch ein Mal abfiltern und in Flaschen füllen.

Walnuss
Die Walnuss ist die Frucht des in Persien heimischen welschen Nussbaumes. Sie wurde von den Phöniziern nach Karthago und später nach Italien gebracht.
Im Griechenland der Antike wurden Nussbäume bereits kultiviert. Um den Nussbaum ranken sich viele Sagen und Geschichten. Heute wird die Walnuss vorwiegend in Kalifornien angebaut.

Klassiker:

Eierlikör & Co.

Kokosnuss
Kokosnüsse sind die Früchte der Kokospalme, die in ganz Südostasien beheimatet ist. Beim Kauf soll man das Schwappen der Kokosmilch hören, wenn man die Nuss schüttelt. Achten Sie darauf, dass die Augen trocken sind und keinen muffigen Geruch ausströmen - nur dann ist die Kokosnuss auch wirklich frisch und für die Likörbereitung geeignet.

Mandeln
Mandeln stammen ursprünglich aus dem Mittelmeerraum, sind inzwischen aber selbst im verregneten Deutschland heimisch geworden. Unter allen Nuss- und Samensorten spielen sie in der Gastronomie die erste Geige. Es gibt zwei Arten, die süßen und die bitteren. Bittermandeln sind klein und enthalten Blausäure. Daher werden sie nie roh gegessen. Erstaunlicherweise finden sie auch in der

Crème de Coco

Zubereitungszeit 6 Wochen

500 g frisches Kokosnussfleisch
1 Vanilleschote
1/2 l Wodka
1/4 l Zuckersirup

Kokosnussfleisch von der braunen Schale befreien und in kleine Stücke schneiden. Zusammen mit der Vanille mit Wodka übergießen und drei Wochen ziehen lassen. Ein Mal wöchentlich sanft schütteln. Durch ein Mulltuch abfiltern und dabei die Kokosnussstücke kräftig ausdrücken. Zuckersirup dazugeben und kräftig schütteln. In Flaschen abfüllen und weitere drei Wochen reifen lassen.

Schmeckt wunderbar auf Eis oder als Grundlage für Mixgetränke. Probieren Sie auch Mischungen mit Schokoladen- oder Orangenlikör!

Mandellikör

Zubereitungszeit 1 Woche

1 EL Mandel-Extrakt
350 ml Weinbrand
100 ml Zuckersirup

Alle Zutaten miteinander vermischen und in eine schöne Karaffe füllen. Eine Woche reifen lassen, dann schnell verbrauchen.

Genießer verfeinern ihren Mandellikör noch mit Rosinen oder einer Prise Zimt - schmeckt himmlisch!

Erdnusslikör
Zubereitungszeit 10 Wochen

250 g frische Erdnüsse
1 Vanilleschote
350 ml Wodka
100 ml Zuckersirup

Erdnüsse schälen und von der bitteren Haut befreien. Sehr fein hacken oder mahlen und mit Wodka übergießen. Vanilleschote dazugeben. Rund zwei Wochen ziehen lassen. Sorgfältig filtern und mit Zuckersirup vermischen. In kleine Flaschen füllen und zwei Monate reifen lassen.

Pistachio Liqueur
Zubereitungszeit 5 Wochen

350 g ungesalzene Pistazien
1 Prise Zimt
1 Prise Nelkenpulver
1/2 l Wodka
1/4 l Zuckersirup

Pistazien schälen und fein hacken. Mit den Gewürzen vermischen, mit Wodka übergießen und zwei Wochen ziehen lassen. Ein Mal täglich kräftig schütteln. Abfiltern und mit Zuckersirup vermischen. In Flaschen abfüllen und drei Wochen reifen lassen.

industriellen Spirituosenproduktion Verwendung. Für die heimische Likörherstellung sind jedoch süße Mandeln besser geeignet.

Erdnuss
Die leckere Erdnuss ist in Südamerika und den Anden Boliviens und Brasiliens beheimatet. Heute kommen die meisten «unserer» Erdnüsse allerdings aus den USA, die sich zu einem der Haupterzeuger von knackigen Erdnüssen gemausert haben.

Pistazie
Die Pistazie ist die Frucht eines Baumes, der in Asien beheimatet ist und inzwischen auch den Vorderen Orient, Süditalien, Kalifornien, Arizona und Texas erobert hat. Pistazien werden mit und ohne Schale verkauft. In der Likörherstellung sollten nur ungeröstete und ungesalzene Pistazien Verwendung finden.

Klassiker:
Eierlikör & Co.

Schwarz wie
der Teufel,
heiß wie die Hölle,
rein wie
ein Engel,
süß wie die Liebe!

(Talleyrand)

Für Liebhaber einer guten Tasse Kaffee bietet sich mit diesen köstlichen Kaffeelikören eine interessante Alternative zum täglichen Einerlei. Da Kaffeelikör über längere Zeit haltbar ist, eignet er sich auch sehr gut als Mitbringsel für den nächsten Familientreff oder als Geschenk. Auf dem Weltmarkt gibt es Kaffee von rund 80 verschiedenen Kaffeepflanzen. Darunter sind die Coffea arabica und die Coffea robusta von herausragender Bedeutung. Für die bei uns üblichen Standardmischungen wird hauptsächlich die Arabica verwendet, der verschiedene andere Sorten beigemischt werden. Die Auswahl dieser Sorten und deren Röstung bestimmen dann die Geschmacksrichtung von «hoch aromatisch» bis «naturmild».

Kaffeelikör Hugo
Zubereitungszeit 4 Wochen

100 g frisch gerösteten, grob gemahlenen Kaffee
300 ml Weingeist
250 ml Wasser
1 EL Vanillezucker
150 ml kochendes Wasser
60 ml Weinbrand
320 ml Zuckersirup
Zuckercouleur
Wasser zum Auffüllen

Kaffeepulver in ein Einmachglas geben und mit einer Mischung aus 300 ml Weingeist und 250 ml Wasser übergießen. Verschließen und drei Wochen ziehen lassen. Dabei alle drei Tage vorsichtig umrühren. Ansatz abfiltern und den Rückstand im Filter mit 150 ml kochendem Wasser übergießen, in dem zuvor der Vanillezucker aufgelöst wurde.
600 ml von dem erhaltenen Extrakt abmessen und in einen Glasballon geben. Weinbrand und Zuckersirup hinzufügen und mit Zuckercouleur einfärben.
Bis zur 1-Liter-Marke mit Wasser auffüllen. Alles gut mischen. Zehn Tage reifen lassen und in Flaschen abfiltern.

Schneller Kaffeelikör
Zubereitungszeit 1 Tag

10 g Instantkaffee
320 g Zucker
1 EL Vanillezucker
300 ml warmes Wasser
300 ml Weingeist
60 ml Weinbrand
Zuckercouleur
Wasser zum Auffüllen

Instantkaffee mit Zucker und Vanillezucker im warmen, nicht kochenden (!) Wasser auflösen. Abkühlen lassen und mit Weingeist und Weinbrand vermischen. Nach Belieben mit Zuckercouleur einfärben und bis zur 1-Liter-Marke mit Wasser auffüllen. In kleine Flaschen geben.

Drei Dinge gehören zu einem guten Kaffee: erstens Kaffee, zweitens Kaffee und drittens nochmals Kaffee.

(Alexandre Dumas)

Klassiker:

Eierlikör & Co.

Kardamom
Die dreikantigen Früchte des Kardamomstrauches aus den Regenwäldern Indiens und Sumatras liefern ein begehrtes Gewürz, das Kreislauf, Stoffwechsel und Hormonhaushalt positiv beeinflusst. Von alters her gilt Kardamom nicht nur als Aphrodisiakum, sondern auch als «Wundermittel», um Minderwertigkeitsgefühle zu bekämpfen. Obwohl es Kardamom auch in gemahlener Form zu kaufen gibt, sollte er stets im Ganzen erworben und in einem Mörser zu Pulver zerstoßen werden.

Exotic Coffee Rum
Zubereitungszeit 3 Wochen

450 ml Wasser
450 g brauner Zucker
100 g Instantkaffee
1 Vanilleschote
1 Prise Zimt
1 Prise grüner Kardamom
1 Prise Ingwer
350 ml Rum
Zuckercouleur

Wasser zum Kochen bringen und Zucker darin auflösen. Vom Herd nehmen. Instantkaffee hineingeben, verrühren und abkühlen lassen. Gewürze und Rum hinzufügen und alles in eine Flasche geben. Verschließen und kräftig schütteln.
Drei Wochen ziehen lassen. Abfiltern und nach Wunsch einfärben.
In kleinen Flaschen aufbewahren.

Wenn Sie die schwarz-süße Versuchung auf die Spitze treiben wollen, servieren Sie zum Exotic Coffee Rum starken Espresso, helle Buttertrüffel und dunkle Rumkugeln.

Moccalikör
Zubereitungszeit 1 Tag

30 g Moccabohnen
1/2 l kochendes Wasser
1 Messerspitze Natron
1/8 l Wasser
200 g Zucker
1/8 l Weingeist
1/8 l Weinbrand
Zuckercouleur

Moccabohnen so fein wie möglich mahlen und mit kochendem Wasser übergießen. Natron darunter mischen und alles eine Stunde ziehen lassen. Dabei immer wieder umrühren. In der Zwischenzeit aus dem restlichen Wasser und dem Zucker eine Zuckerlösung herstellen. Kaffeeextrakt abfiltern und mit der Zuckerlösung vermischen. Nun Weingeist und Weinbrand hinzufügen. Nach Belieben mit Zuckercouleur einfärben und in Flaschen abfüllen.

Mocca-Sahnelikör
Zubereitungszeit 1 Tag

200 ml süße Sahne
300 ml Zuckersirup
30 ml Eiweiß
1 EL Vanillezucker
10 g Instantkaffee
100 ml Weinbrand
220 ml Weingeist
Wasser zum Auffüllen
Zuckercouleur

Sahne mit Zuckersirup, Eiweiß, Vanillezucker und Instantkaffee vermischen. Anschließend unter ständigem Rühren langsam Weinbrand und Weingeist hinzufügen und sorgfältig darunter mengen.
In einen Messbecher mit 1 Liter Inhalt umgießen, nach Belieben mit Zuckercouleur einfärben und mit Wasser bis zur 1-Liter-Markierung auffüllen. In eine schöne Karaffe geben und sofort servieren.

Dieser Likör ist ein wahrer Gaumenkitzel für Schleckermäuler! Leider muss er schnell verbraucht werden, da er sich rasch wieder entmischt und flockig wird. Er ist ideal, wenn Sie Gäste mit etwas Besonderem überraschen wollen und sicher sein können, dass diese nichts übrig lassen.

Wenn du zum
Weibe gehst,
halte dich frei von
Sorgen und
sei fröhlich.
Auch sollst du
nicht zu reichlich
gegessen,
wohl aber einen
stärkenden Kaffee
getrunken haben.

(Scheich Hefzawi,
um 1516)

Klassiker:

Eierlikör & Co.

Vanille
Die schwarz glänzenden, an Schlangen erinnernden Vanillestangen sind die Schoten einer Kletterorchidee, die in Mittelamerika beheimatet ist. Vanille hat einen süßen, köstlichen Geschmack, der sie bereits bei den Azteken zu einem geschätzten Gewürz machte. Sie trug den Namen «tlilxochitl» (= schwarze Blume). Die Azteken bereiteten aus ihr auch Parfum. Sie war so begehrt, dass der jeweils regierende Herrscher jährlich einen Tribut der Ernte als Steuer einforderte.

Seattle Vanilla Bean
Zubereitungszeit 6 Wochen

2 Vanilleschoten
350 ml Wodka
100 ml Zuckersirup

Vanilleschoten mit Wodka übergießen, notfalls in kleine Stücke schneiden, damit sie vollständig mit Flüssigkeit bedeckt sind. Gut schütteln und rund zwei Wochen ziehen lassen. Schoten entfernen und den Ansatz mit Zuckersirup vermischen. Weitere vier Wochen reifen lassen und in Flaschen abfüllen.

Vanillelikör
Zubereitungszeit 2 Wochen

5 Vanilleschoten
150 g weißer Kandiszucker
0,7 l Arrak
Zuckercouleur

Vanilleschoten in kleine Stücke schneiden und in eine Flasche stecken. Kandiszucker und Arrak hinzufügen. Verschließen und gut schütteln. Zwei Wochen ziehen lassen. Dabei täglich ein Mal schütteln. Abfiltern, nach Belieben einfärben und in saubere Flaschen füllen.

Mein persönlicher Favorit unter den Klassikern ist:

Franks Lakritzlikör
Zubereitungszeit 5 Wochen

500 g Süssholzwurzeln
350 ml Wodka
1/8 l Zuckersirup
Lebensmittelfarbe

Süßholzwurzeln reiben oder in der Küchenmaschine pulverisieren. Mit Wodka vermischen und an einem kühlen Ort eine Woche ziehen lassen. Abfiltern, mit Zuckersirup vermischen, nach Belieben färben und in Flaschen abfüllen. Mindestens vier Wochen reifen lassen.

Nicht nur Männern schmeckt der Bierlikör, eine flüssige Delikatesse, die jede zünftige Brotzeit auflockert!

Bierlikör
Zubereitungszeit 4 Monate

4 Flaschen Bockbier
1 kg brauner Zucker
1 l Korn
$^1/_4$ TL Zimt
2 Vanilleschoten
1 Zimtstange

Bockbier in einem Topf aus Edelstahl mit Zucker verrühren.
Gewürze hinzufügen und alles auf kleiner Flamme zum Kochen bringen.
Hitze verringern und rund eine halbe Stunde köcheln lassen.
Vom Herd nehmen, eine Stunde ziehen lassen, abfiltern und noch ein Mal bis kurz vorm Siedepunkt erhitzen.
Erneut vom Herd nehmen, mit Korn vermischen und zügig in Flaschen füllen.
Fest verschließen und vier Monate an einem kühlen Ort reifen lassen.

Klassiker:

Eierlikör & Co.

Tee gibt es übrigens schon so lange, dass niemand genau sagen kann, wer die unscheinbaren Blätter zuerst zu einem aromatischen Getränk gebraut hat. Nach einer chinesischen Legende soll Kaiser Shen-Nung 2500 v. Chr. im Garten gesessen und Trinkwasser abgekocht haben, als ein Windstoß einige Blätter einer in der Nähe stehenden Teepflanze in seinen Wasserkessel wehte. Neugierig probierte der Kaiser, genoss das mild-würzige Aroma und erklärte Tee zum Nationalgetränk seines Volkes. Dagegen behauptet ein chinesischer Gelehrter namens La Yu, der im 9. Jahrhundert die erste uns überlieferte Geschichte des Tees schrieb, dass dieser vor dem 6. Jahrhundert in China kein gebräuchliches Getränk war. Sicher ist auf jeden Fall, dass man mit Tee mehr machen kann, als ihn einfach nur pur zu genießen. Besonders lecker schmeckt er beispielsweise auch mit Rum-Kandis, eine Erfindung ostfriesischer Teeliebhaber und Seeleute.

Die hier vorgestellten Teeliköre schmecken so wunderbar, dass sie wohl auch Kaiser Hui-tsung zu würdigen gewusst hätte...

Klassischer Teelikör

Zubereitungszeit 2 Wochen

30 g Darjeeling-Tee
1 Msp. Zimt
1 Msp. Vanille
1 Msp. unbehandelte Zitronenschale
5 Rosinen
80 ml Weingeist
125 ml Wasser
Wasser zum Auffüllen
270 ml Weingeist
60 ml Rum
300 ml Zuckersirup
Zuckercouleur

Tee und Gewürze mit einer Mischung aus 80 ml Weingeist und 125 ml Wasser übergießen. Eine Woche ziehen lassen.
Ansatz abfiltern und den Rückstand mit so viel Wasser übergießen, bis die 200-ml-Markierung erreicht ist.
Tee-Extrakt mit 270 ml Weingeist, Rum und Zuckersirup vermischen.
Mit Wasser auf 1 Liter auffüllen und nach Belieben mit Zuckercouleur verschönern.
Rund eine Woche reifen lassen und in Flaschen abfüllen.

Teelikör Simone
Zubereitungszeit 10 Tage

125 g Zucker
1/8 l Wasser
25 g Ceylon-Tee
600 ml kochendes Wasser
1/4 l Cognac
1 Vanilleschote

Den Zucker mit 1/8 l Wasser vermischen und unter ständigem Rühren zum Kochen bringen. Etwa zwei Minuten lang sprudelnd kochen lassen, dann den Topf vom Herd nehmen und die Flüssigkeit abkühlen lassen. In der Zwischenzeit Tee mit kochendem Wasser aufbrühen. Rund drei Minuten ziehen lassen und durch ein Sieb abgießen.
Cognac hinzufügen und alles gut miteinander vermischen. Vanilleschote der Länge nach halbieren und in eine Flasche geben. Likör darübergießen und fest verschließen. An einem kühlen und dunklen Ort 10 Tage reifen lassen.

Mit der Vanilleschote im Innern der Flasche sieht dieser Likör sehr dekorativ aus. Mit ein, zwei Kandisstangen und einem Minipäckchen Tee am Flaschenhals ist er ein ideales Mitbringsel für Teeliebhaber!

Rum-Kandis
Zubereitungszeit 1 Woche

250 g Kluntjes
50 g Rosinen
1/4 l Rum

Kandis und Rosinen vermischen und in ein schönes Glas geben. Mit Rum übergießen, verschließen und eine Woche ziehen lassen. Rum-Kandis schmeckt im Tee oder, mit heißem Wasser aufgegossen, als Grog nach einem langen Winterspaziergang. Kluntjes sind eine Spezialität aus Ostfriesland, wo Tee eine Art «Nationalgetränk» ist. Kein wahrer Ostfriese würde je seinen Tee mit etwas anderem süßen als mit diesen großen, weißen und klaren Kandisstücken. Wenn die Kristalle in der heißen Flüssigkeit zerspringen, ertönt ein herrlich behagliches Klirren in der Tasse.

Drei Dinge auf
dieser Welt
sind höchst
bedauernswert:

das Verderben
bester Jugend
durch falsche
Erziehung,
das Schänden
bester Bilder
durch gemeines
Angaffen
und die
Verschwendung
besten Tees
durch
unsachgemäße
Behandlung.

Kaiser Hui-tsung
(1101-1125 v. Chr.)

Opas Hobby is
sien Tuuntje,
d'r tüschen in
gift mit Kluntje!

Klassiker:

Eierlikör & Co.

Tipp:

Gut für den Rumtopf sind auch Melone (gewürfelt), Apfelsine (in Scheiben geschnitten), Himbeeren und Johannisbeeren. Falls die Kernchen stören, dann nur den roh gepressten Saft nehmen.

Gibt es eine klassischere Leckerei als den Rumtopf? In früheren Zeiten hatte jede Familie ihr eigenes, sorgsam gehütetes Spezialrezept. Darüber, wer ihn erfunden hat, gibt es verschiedene Geschichten. Einig sind sich jedoch alle, die den Rumtopf jemals gekostet haben: Seine harmonische Mischung aus aromatischen Früchten mit ebenso aromatischem Rum, fein abgestimmt mit süßem Zucker oder Kandis, ist einfach zu verführerisch, um ihr zu widerstehen!

Rumtopf
Zubereitungszeit 6 Monate

Ansatz:
500 g Juni-Erdbeeren
500 g weißer Kandiszucker
0,7 l Rum (54 %)

Erdbeeren waschen, sorgfältig abtropfen lassen und von Stielansätzen befreien. Große Früchte halbieren.
Mit Kandiszucker in einen Rumtopf geben. Früchte mit Rum übergießen, Deckel aufsetzen und an einem kühlen Ort aufbewahren. Nun jeden Monat jeweils 500 g tadellose Früchte mit 250 g Kandiszucker vermischen und dazugeben. Jeweils mit so viel Rum auffüllen, dass die Früchte gut bedeckt sind.
Bei jeder Fruchtzugabe sanft durchrühren.

Wichtig: Nur Früchte bester Qualität verwenden, damit der Rumtopf nicht verdirbt!

Der «*Fahrplan*» meiner Familie für einen Rumtopf sieht so aus:

Juni
500 g Erdbeeren
500 g weißer Kandiszucker
0,7 l Rum

Juli
500 g Aprikosen
500 g Pfirsiche
500 g Süßkirschen
750 g weißer Kandiszucker
Rum zum Auffüllen

August
500 g Mirabellen
500 g Pflaumen
500 g Sauerkirschen
750 g weißer Kandiszucker
Rum zum Auffüllen

September
500 g Birnen
250 g weißer Kandiszucker
Rum zum Auffüllen

Oktober
500 g Ananas
500 g blaue Weintrauben
500 g weißer Kandiszucker
Rum zum Auffüllen

November
Jetzt ist der spannende Moment zum Probieren. Die Früchte schmecken pur, zu Vanilleeis, heißen Waffeln oder Rührkuchen.

Es ist eine
Torheit, sich nicht
zu betrinken,
weil die
Nüchternheit
auf die
Trunkenheit folgt.

(Friedrich Hebbel)

Ein Blickfang für jede Tafel - edle Karaffen und Gläser

Glas gehört zu den bedeutendsten Errungenschaften der Zivilisation und hat die Menschen von jeher fasziniert. Die Freude am Trinkgenuss und die Freude an edlen Gläsern und Karaffen gehören gewiss zusammen. Das Material Glas spricht all unsere Sinne an: Gläser klingen und erfreuen den Gehörsinn. Keine zwei Gläser klingen gleich; die Fülle der Klangvariationen scheint ebenso unerschöpflich wie die Vielzahl der Glasformen. Der Genießer lässt seine Finger sanft am Glas entlang gleiten: Das Glas zeigt ihm, ob der Inhalt die ideale Trinktemperatur aufweist. Kühl schmiegt es sich an unsere Lippen, eine letzte Barriere - oder Brücke? - vor dem Genuss. Je dünner und feiner die Glaswand ist, desto unmittelbarer, intensiver ist das Geschmackserlebnis. Bunte Gläser sind schön anzusehen, aber je durchscheinender und zarter sie sind, desto besser spiegeln sie ihren Inhalt. Edles Glas ist wie eine schöne Fassung, die Edelsteine zum Funkeln bringt.

Die verschiedenen Glasformen dienen der Funktion; Erwartung und Erfüllung unterliegen dabei einem steten Wandel. In den rund 6000 Jahren seiner Existenz hat Glas alle möglichen modischen Veränderungen in Form und Farbe erlebt, war Gradmesser für Kultur und Klasse. Auch heute noch ist es ein schönes Gefühl, etwas so Zartes, Zerbrechliches zu besitzen. Spiegelblank steht das feine Tafelglas in der Vitrine, wird fast zärtlich aus dem Schrank gehoben und gegen das Licht gehalten. Und das Likörglas?

In der Welt der Liköre existieren ausgeprägte Charaktere nebeneinander: handgewärmt oder tiefgekühlt, pur oder auf Eis, mit oder ohne Soda, bunt oder eher blass, fruchtig, herb oder süß - eine schillernde Palette. Die Entscheidung für das *«richtige»* Likör- oder Schnapsglas gibt es bei dieser Vielfalt nicht. Die einen bevorzugen Schalen, die anderen Gläser in Tulpenform, die einen Teil des enthaltenen Aromas freisetzen und die Nase noch vor dem Gaumen erfreuen. Wieder andere lieben Stamper. Und auch bei den Karaffen ist die Auswahl inzwischen unübersehbar geworden. Von rustikal bis hin zu Phantasieformen: alles ist möglich! Entscheidend ist das eigene Wohlgefühl.

Die besten
Vergrößerungs-
gläser für die
Freuden der Welt
sind die,
aus denen man
trinkt.

(Joachim
Ringelnatz)

Wenn Ihr
gegessen und
getrunken habt,
seid Ihr wie neu
geboren;
seid stärker,
mutiger,
geschickter
zu Eurem
Geschäft.

(Goethe,
Götz von
Berlichingen)

Gaumengenüsse der besonderen Art

Feine Likörküche

Seewolffilets in Apfel-Sahne-Sauce
(4 Personen)

1 kg Seewolffilet
Zitronensaft
Salz
weißer Pfeffer
200 g Basmatireis
1 Schalotte
8 Frühlingszwiebeln
50 g Butter
1/4 l Apfellikör
375 g Crème fraîche
2 kleine Äpfel

Fischfilets kalt abspülen, trockentupfen, mit Zitronensaft beträufeln, salzen, pfeffern und abgedeckt kalt stellen.
Basmatireis nach Packungsangabe zubereiten und warm halten. Schalotte schälen, fein hacken und in wenig Butter andünsten.
Mit Apfellikör ablöschen und vier Minuten köcheln lassen. Crème fraîche hinzufügen und bei niedriger Hitze zehn Minuten köcheln lassen. Mit Salz und Pfeffer abschmecken. Frühlingszwiebeln putzen, waschen und halbieren.
Äpfel schälen, vierteln, vom Kerngehäuse befreien und in Spalten schneiden.
Mit Frühlingszwiebeln in wenig Butter anbraten, dabei ein Mal wenden.
In der restlichen Butter den Fisch auf jeder Seite rund fünf Minuten braten.
Zusammen mit Reis, Apfelspalten und Sauce servieren.

Glasierter Backschinken
(4 Personen)

4 Scheiben Schinkenfleisch (á 3 cm)
schwarzer Pfeffer
1/2 l frisch gepresster Orangensaft
1/8 l Orangenlikör
4 EL flüssiger Honig

Ofen auf 180° C vorheizen.
Schinkenscheiben nach Belieben von beiden Seiten pfeffern und in eine Auflaufform legen. Saft und Likör vermischen und über die Scheiben verteilen.
Form in den Ofen stellen und eine Stunde backen. Herausnehmen und die Scheiben mit Honig bestreichen. Für weitere zehn Minuten in den Ofen geben, damit sich die Glasur festigt.
Mit fruchtigem Salat servieren.

Aprikosenbrot

250 g getrocknete Aprikosen
5 EL Aprikosen- oder Marillenlikör
250 g feines Mehl
250 g Weizenvollkornmehl
250 g Haferflocken
1 TL Natron
250 g gemahlene Mandeln
4 EL Pflanzenöl
100 g brauner Zucker
1 Ei
1/4 l Buttermilch

Aprikosen fein würfeln und mit Likör übergießen. Eine halbe Stunde an einem warmen Ort quellen lassen.
Ofen auf 175° C vorheizen.
Eine Brotform einfetten und leicht mit Mehl bestäuben. Mehl, Haferflocken, Natron und Mandeln mischen. Öl und Zucker schaumig schlagen, Ei dazugeben und mit den Aprikosen vermengen.
Nach und nach die Buttermilch und die restlichen Zutaten hinzufügen. Teig in die Form füllen und auf mittlerem Rost etwa eine Stunde backen.
Garprobe machen. Aprikosenbrot in der Form eine Viertelstunde abkühlen lassen und dann stürzen.

Hühnersandwiches
(4-8 Personen)

250 g gekochtes Hühnerbrustfilet
75 g Mayonnaise
2 EL Orangenlikör
3 EL Fruchtchutney
1/2 TL Curry
Kräutersalz
16 Scheiben amerikanisches Toastbrot
Butter

Hühnerfleisch im Mixer pürieren.
Mayonnaise sorgfältig mit Likör, Chutney und Curry verrühren. Mit Salz abschmecken und zum Hühnerfleisch geben.
Toastscheiben dünn buttern.
Die Hälfte der Scheiben mit der Füllung bestreichen und die übrigen Scheiben sanft andrücken. Diagonal halbieren und mit Salat servieren.

Feine Likörküche

Amerikanische Birnenbutter

12 reife Birnen
$^1/_4$ l Weißwein
$^1/_4$ l Birnenlikör
$^1/_2$ l Wasser
7 EL flüssiger Honig

Birnen schälen, vom Kerngehäuse befreien und sehr fein würfeln.
Mit übrigen Zutaten bei mittlerer Hitze zum Kochen bringen. Hitze verringern und köcheln lassen, bis die Masse eingedickt und alle Flüssigkeit verdampft ist.
Vom Herd nehmen, in saubere Gläser füllen und sofort verschließen.

Himbeergratin
(4 Personen)

300 g frische Himbeeren
1 Eigelb
2 Eiweiß
2-3 EL Himbeerlikör
Mandelblättchen

Himbeeren waschen, trockentupfen und mit einer Gabel durch ein Sieb passieren.
Eigelb mit Likör vermischen und unter das Fruchtpüree mischen. In feuerfeste Förmchen füllen. Eiweiß steif schlagen und über die Himbeeren geben. Mit Mandelblättchen bestreuen und im vorgeheizten Ofen bei 175° C etwa fünf Minuten gratinieren.

Passionsfrucht-Kiwi-Salat
(2 Personen)

2 Passionsfrüchte
2 Kiwis
250 g Mango
50 g Himbeeren (tiefgekühlt)
1 TL Zucker
20 ml frisch ausgepreßten Orangensaft
2 cl Orangenlikör
3 Vollkorn-Waffeln
evtl. Zitronengeschmack (gibt es ferig zu kaufen)

Passionsfrüchte halbieren, Fruchtfleisch auslöffeln, Kiwis und Mango schälen, Kiwis in Scheiben schneiden, Mango in Spalten vom Kern lösen. Himbeeren mit den anderen Früchten in eine Schüssel geben, Zucker, Orangensaft und Likör hinzufügen und vorsichtig durchmischen. Kühl stellen. Auf Teller oder Schüsselchen anrichten und mit je einer Vollkorn-Waffel servieren.

Feine Likörküche

Tipp:

Vorzüglich schmeckt auch Hagebutten-Tomaten-Marmelade mit einem Schuss Hagebutten-Likör.
500 g Hagebutten und 500g Tomatenfruchtfleisch mit 1000 g Zucker kochen.
Zuletzt Likör zugeben.

Marzipan-Zwetschgen
(4 Personen)

500 g frische Zwetschgen
200 g Marzipanrohmasse
6 EL Puderzucker
175 g Crème fraîche
3 EL Mandellikör

Backofen auf 180° C vorheizen.
Zwetschgen waschen und sorgfältig abtropfen lassen. Aufschlitzen und entsteinen. Marzipanrohmasse mit fünf Esslöffel Puderzucker verkneten und an Stelle der Zwetschgensteine je eine kleine Marzipankugel hineinfüllen.
Zwetschgen zusammendrücken und in eine Auflaufform geben.
Mit dem restlichen Puderzucker bestäuben und für 20 Minuten in den Ofen stellen.
Herausnehmen und den erhaltenen Saft in eine Schüssel abschütten.
Mit Crème fraîche und Mandellikör verrühren. Marzipan-Zwetschgen auf Desserttellern anrichten und mit der Sauce übergießen.

Hagebuttenmarmelade
(6 Gläser á 250 g)

1 kg Hagebutten
1/4 l frisch gepresster Orangensaft
500 g Gelierzucker extra
5 EL Hagebuttenlikör

Hagebutten von Stielen und Blütenansätzen befreien, der Länge nach halbieren und die Kerne herausschaben. Sehr sorgfältig waschen, damit alle Samenfäden restlos entfernt werden. Früchte in knapp einem Liter Wasser weich kochen, im Sieb abtropfen lassen und im Mixer pürieren.
Mit Orangensaft und Gelierzucker zum Kochen bringen und vier Minuten sprudelnd kochen lassen. Vom Herd nehmen und mit Hagebuttenlikör verfeinern. Noch heiß in Gläser füllen und sofort verschließen.

Traubenkonfitüre
(3 Gläser á 250 g)

500 g kernlose blaue Weintrauben
1 Päckchen Zitronensäure
500 g Gelierzucker extra
5 EL Johannisbeerlikör

Trauben waschen, abzupfen und halbieren. Im Mixer pürieren, mit Zitronensäure und Gelierzucker vermischen und unter ständigem Rühren aufkochen. Fünf Minuten sprudelnd kochen lassen. Likör unterrühren, abfüllen und sofort verschließen.

Minzgelee
(6 Gläser á 250 g)

2-3 Hand voll frisch gepflückte Pfefferminzblätter
1/8 l kochendes Wasser
3/4 l Apfelsaft
350 g Gelierzucker extra
5 EL Pfefferminzlikör

Minzeblättchen abbrausen, in eine Schüssel geben und mit kochendem Wasser übergießen. Abgedeckt eine Stunde ziehen lassen. Minzesud mit Apfelsaft und Zucker vermischt unter ständigem Rühren eine Viertelstunde köcheln lassen. Gelierprobe machen, vom Herd nehmen, Pfefferminzlikör dazugeben und noch heiß in Gläser füllen. Sofort verschließen.

Mandarines au liqueur
(4 Gläser á 300 ml)

12 kleine Mandarinen
400 ml Wasser
300 g brauner Zucker
1/2 l Orangenlikör

Mandarinen schälen und die weiße Haut sorgfältig entfernen.
Wasser und Zucker aufkochen und zwei Minuten sprudelnd kochen lassen.
Vom Herd nehmen, Likör und Mandarinen dazugeben.
In Gläser füllen und verschließen.

Feine Likörküche

Melonen
Die kugelrunden bis ovalen Melonen gehören zur Familie der Kürbisgewächse und sind weltweit verbreitet. Es gibt viele Sorten, die in Größe, Geschmack, Form und Farbe variieren. Man unterscheidet zwei Hauptgruppen: Die ursprünglich in der afrikanischen Steppe beheimateten Wassermelonen, die heute im gesamten Mittelmeerraum und in den USA angebaut werden, und die aus dem Orient stammenden Zuckermelonen. Sie alle enthalten wertvolle Mineralstoffe und Vitamine - vor allem die Vitamine A und C - und haben dabei nur sehr wenige Kalorien. Melonen und Melonengerichte sollten stets gut gekühlt serviert werden.

Bolas de melón
(4 Gläser á 250 ml)

je 500 g orange- und grünfleischige Zuckermelone
1 unbehandelte Zitrone
2 Vanilleschoten
100 ml Orangenlikör
100 g Kandisfarin
350 ml Wasser

Melonen halbieren und entkernen. Mit einem Kugelformer kleine Bällchen ausstechen und auf vier Gläser verteilen. Zitrone waschen, trockenreiben und die Schale in Spiralen abschneiden. In die Gläser füllen. Vanilleschoten längs einritzen und halbieren. Je ein Stück zu den Melonenbällchen geben. Geschälte Zitrone auspressen und den Saft filtern. Mit Kandisfarin und Wasser erhitzen und fünf Minuten sprudelnd kochen lassen. Vom Herd nehmen, Orangenlikör dazugeben und über die Früchte gießen. Die Melonenbällchen sollten vollständig mit Flüssigkeit bedeckt sein. Gläser verschließen und innerhalb von acht Tagen verbrauchen.

Citrus Cocktail Mix
(2 Gläser á 500 ml)

500 g unbehandelte gemischte Zitrusfrüchte
(Limetten, Kumquats, Orangen)
500 g brauner Zucker
$^1/_2$ l Wasser,
150 ml Lemon & Lime Liqueur

Zitrusfrüchte heiß abspülen, trockenreiben und nach Wunsch in dünne Scheiben oder Spalten zerteilen.
In Gläser füllen. Zucker und Wasser aufkochen und bei geringer Hitze köcheln lassen, bis sich der Zucker vollständig aufgelöst hat.
Den Likör dazugeben und alles über die Zitrusfrüchte gießen. Dabei sollten die Fruchtstücke vollständig bedeckt sein.
Die Gläser fest verschließen und im Kühlschrank aufbewahren.

Eingelegte Zitrusfrüchte sehen nicht nur exotisch aus, sondern schmecken auch phantastisch. Sie sind eine ideale Würze für orientalische Eintopf- und Geflügelgerichte und eine herrliche Dekoration für sommerliche Eisbecher oder Cocktails.

Süße Versuchung

Iß, ohne dich
völlig satt zu
essen,
trinke,
ohne über den
Durst zu trinken.

(Tschechisch)

Der Pousse Café stammt aus den zwanziger Jahren und wurde in Paris kreiert. Auch heute noch gelten Pousse Cafés in Frankreich als boissons des femmes, d.h. Frauengetränke. Zu Recht, wie ich finde: Warum sollte *«frau»* alle kulinarischen Genüsse mit der Männerwelt teilen? Pousse Cafés bestehen zumeist aus zwei oder mehreren bunten Likören, die in einem langstieligen, schmalen Likörglas aufeinander geschichtet werden. Grappagläser oder schmale Stamper eignen sich hierfür besonders gut. Pousse Cafés sehen wunderbar elegant aus und sind genau richtig, um sich nach einem langen Tag zu verwöhnen.

Bevor Sie dieses kunstvolle Getränk jedoch genießen oder Ihren Gästen anbieten können, ist ein wenig Üben angesagt. Der schwerste und dickflüssigste Likör wird als Erstes ins Glas gegossen; es ist der Likör mit dem niedrigsten Alkoholgehalt und dem höchsten Zuckergehalt. Darauf folgen die übrigen, dünnflüssigeren Liköre auf die gleiche Weise. Die Kunst, einen gelungenen Pousse Café zuzubereiten, liegt darin, dass der Likör dabei vorsichtig über die Rückseite eines Moccalöffels in das Glas gegossen wird. Inzwischen gibt es zwar auch schon spezielle Gießer, die auf Flaschen oder Karaffen aufgesetzt werden können, aber mit einem Moccalöffel ist es doch viel authentischer. Wer keine ruhige Hand hat, kann die einzelnen Schichten getrost ein wenig verquirlen: Das sieht pfiffig und sehr appetitlich aus: wie flüssiger Marmor.

Serviert werden diese zauberhaften *«Damengetränke»* übrigens mit einem kurzen Strohhalm, so dass die verschiedenen Liköre etappenweise genossen werden können. Da es unterschiedliche Glasgrößen gibt, werden in den folgenden Rezepten die Mengen nicht, wie sonst üblich, in cl, sondern in Teilen angegeben.

King George

2/3 Kaffeelikör
1/3 frische flüssige Sahne

Die Zutaten der Reihe nach in einem Pousse-Café-Glas übereinander schichten.

French Pousse Café

$^1/_4$ Himbeerlikör
$^1/_4$ Kirschlikör
$^1/_4$ Chartreuse gelb
$^1/_4$ Cognac

Die Liköre in der angegeben Reihenfolge vorsichtig in ein Pousse-Café-Glas schichten.

Grashopper Pousse Café

$^1/_2$ Créme de Cacao oder Schokoladenlikör
$^1/_2$ Pfefferminzlikör
Kakaopulver

Die Zutaten der Reihe nach in ein Pousse-Café-Glas schichten und nach Belieben mit Kakaopulver bestreuen.

Huckebein verkehrt

$^1/_3$ Eierlikör
$^1/_3$ Kirschlikör
$^1/_3$ Rosenlikör

Die Liköre sanft der Reihe nach übereinander schichten.

Engelskuss

$^2/_3$ Aprikosenlikör
$^1/_3$ frische flüssige Sahne
Zimtpulver

Die Sahne vorsichtig über den Rücken eines Moccalöffels über den Aprikosenlikör geben. Nach Belieben mit Zimtpulver bestreuen.

Pousse Parisien

$^1/_3$ Chartreuse gelb
$^1/_3$ Curaçao blue
$^1/_3$ Kirschlikör

Die Liköre nacheinander in ein Pousse-Café-Glas schichten.

Scotch Pousse Café

$^1/_4$ Chartreuse grün
$^1/_4$ Curaçao rot
$^1/_4$ Kirschlikör
$^1/_4$ Scotch Whisky

Die Zutaten in der genannten Reihenfolge in ein Pousse-Café-Glas schichten.

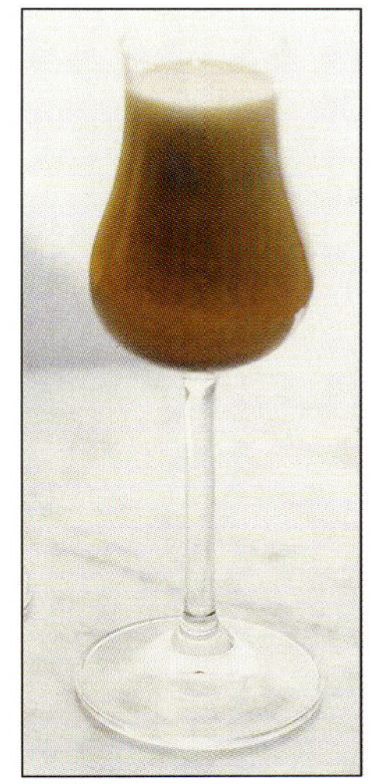

Schnapsideen - leckere Longdrinks und kokette Cocktails

Bei fast allen Longdrinks und Cocktails spielen aromatische Liköre die erste Geige. Sie bestimmen Geschmack und Charakter des Getränks sowie Farbe und Alkoholgehalt. Ganz gleich, ob es sich um Fruchtliköre handelt oder um jene aus Eiern, Sahne oder Schokolade oder auch um diejenigen, die aus Honig, Pfefferminze oder Kaffee gemacht sind: Alle sind zum Mixen hervorragend geeignet. Hier eine kleine Rezeptauswahl:

Red Kiss

3 Eiswürfel
2 cl Kirschlikör
2 cl Ananasgeist
2 cl brauner Rum
2 cl Ananassaft
Champagner
1 Stück Ananas
Cocktailkirschen

Spirituosen und Saft mit Eiswürfeln in einen Shaker geben und 20 Sekunden kräftig schütteln. In ein Longdrinkglas abseihen und mit Champagner auffüllen. Mit Ananas und Kirschen dekorieren und mit Strohhalmen servieren.

Calle Foscari

2 cl Mandellikör
2 cl Weinbrand
2 cl heißer Espresso

Mandellikör und Weinbrand kurz erwärmen, aber nicht kochen lassen!
In ein Grogglas füllen und mit dem heißen Espresso aufgießen.

Dieser italienische Digestif schmeckt nicht nur an kalten Winterabenden.

Wolgaschiffer

3 Eiswürfel
2 cl Aprikosenlikör
3 cl Wodka
3 cl frisch gepresster Orangensaft

Alle Zutaten in einen Mixbecher geben. 20 Sekunden schütteln und in ein Cocktailglas abseihen.

Schnapsideen - leckere Longdrinks und kokette Cocktails

Punschlied

Vier Elemente,
Innig gesellt,
Bilden das Leben,
Bauen die Welt.

Presst der Zitrone
Saftigen Stern!
Herb ist des Lebens
Innerster Kern.

Jetzt mit des Zuckers
Linderndem Saft
Zähmet die herbe
Brennende Kraft!

Giesset des Wassers
Sprudelnden Schwall!
Wasser umfänget
Ruhig das All.

Tropfen des Geistes
Giesset hinein!
Leben dem Leben
Gibt er allein.

Eh es verduftet,
Schöpfet es schnell!
Nur wenn er glühet,
Labet der Quell.

(Friedrich von Schiller)

Kirschpunsch

4 cl Kirschlikör
4 cl Weinbrand
1 unbehandelte Zitronenscheibe
heißer Weißwein

Ein Teeglas vorwärmen. Likör, Weinbrand und Zitronenscheibe hineingeben und mit heißem Weißwein auffüllen.

Dieser Punsch ist bei Licht betrachtet kein «*echter*» Punsch mit fünf Zutaten. Das Wort Punsch stammt ab vom indischen «*pantscha*», der Zahl Fünf, und der Alkohol darin war ursprünglich Arrak. Aber in der Mixkunde ist nichts unmöglich - Hauptsache, es schmeckt. Übrigens gab es auch schon zu früheren Zeiten Menschen, die sich über Punschregeln hinweggesetzt haben, wie die Geschichte des britischen Admirals Boscawen zeigt: Als der Admiral im Jahr 1760 seine Offiziere bewirten wollte, ließ er ein ganzes Bataillon von Flaschen in sein marmornes Schwimmbecken gießen. Insgesamt sollen es je 600 Flaschen Cognac und Rum sowie 1200 Flaschen Malaga gewesen sein, wie schriftliche Aufzeichnungen belegen. Hinzu kamen 300 Kilo Rohrzucker, der Saft von 2600 Zitronen und 200 geriebene Muskatnüsse. Das Ganze wurde mit kochendem Wasser aufgefüllt, das im marmornen Becken ein ganz besonderes Heißgetränk entstehen ließ. Leider ist nicht überliefert, welchen Rührlöffel der erfinderische Admiral und seine fleißige Dienerschaft verwendeten.
Schreiben Sie mir, was Sie benutzen, falls Sie das Rezept des Admirals ausprobieren!

T.E.E.

3 Eiswürfel
1,5 cl Pfirsichlikör
1 cl Kirschlikör
1,5 cl Cognac
1 cl Campari

Alle Zutaten in einen Mixbecher geben. 20 Sekunden kräftig schütteln und in ein gut gekühltes Cocktailglas abseihen.

Far West

2 cl Eierlikör
2 cl Cognac
2 cl Vermouth Bianco

Im Shaker mit Eiswürfeln Eierlikör, Cognac und Vermouth rund 30 Sekunden kräftig schütteln, in ein Cocktailglas abseihen und mit einer Prise Zimt bestreuen.

Lovestory

3 Eiswürfel
4 cl Kirschlikör
1 cl Gin
1 El frisch gepresster Zitronensaft
1 EL Maraschinosaft

Alle Zutaten in ein Rührglas geben und 20 Sekunden rühren.
In einen Sektkelch abseihen und mit der gleichen Menge rotem Sekt auffüllen.
Zwei Maraschinokirschen hineingeben.
Mit Strohhalm und Löffel servieren.

Morella

2 Eiswürfel
3 cl Crema de Plátano
2 cl Kaffeelikör
Moccabohnen

Eiswürfel, Bananenlikör und Kaffeelikör in einen Mixbecher geben. 20 Sekunden schütteln und in eine Cocktailschale abseihen. Nach Belieben mit Moccabohnen verzieren.

David

4 Eiswürfel
Saft von 1 Limette
1 cl Himbeerlikör
3 cl Vermouth dry
3 cl brauner Rum

Alle Zutaten in einem Shaker kurz und kräftig schütteln. Dann in ein gut gekühltes Longdrinkglas schütten und mit einem Strohhalm servieren.

Schnapsideen - leckere Longdrinks und kokette Cocktails

Kir

3 cl roter Ribisellikör
Weißwein

Ribisellikör in ein Wein- oder Phantasieglas geben und mit eiskaltem Weißwein auffüllen.

Erfunden und nach ihm benannt wurde dieser einfache, aber erfrischende Aperitif übrigens von einem ehemaligen Bürgermeister der französischen Stadt Dijon.

Granizado de Limón

8 Eiswürfel
5 cl Zitronenlikör
1 TL frisch gepresster Zitronensaft
1 unbehandelte Zitronen- oder Limettenscheibe

Eiswürfel in ein Küchentuch wickeln und mit dem Fleischklopfer fein zerschlagen. In ein hohes Glas geben. Zitronenlikör und Zitronensaft darüber gießen. Mit der Zitronenscheibe dekorieren und einem Strohhalm servieren.

Granizado de Menta

8 Eiswürfel
5 cl Pfefferminzlikör
1 cl Wodka
1 TL frisch gepresster Zitronensaft
1 TL Zuckersirup
frische Pfefferminzblätter

Eiswürfel in ein Küchentuch wickeln und mit dem Fleischklopfer zerstoßen.
In ein hohes Glas geben.
Pfefferminzlikör, Wodka, Zitronensaft und Zuckersirup hinzufügen.
Mit Pfefferminzblättchen dekorieren und einem Strohhalm servieren.

Wecker

8 Eiswürfel
4 cl Kaffeelikör
Cola

Eiswürfel zerstoßen und ein Longdrinkglas zu zwei Drittel damit füllen.
Kaffeelikör darüber geben und mit eiskalter Cola auffüllen.
Mit einem Strohhalm servieren.

Wirkt Wunder nach einer durchtanzten Nacht!

Caballero

3 Eiswürfel
3 cl Crema de Plátano
2 cl Campari

Eiswürfel in ein Rührglas geben. Bananenlikör und Campari hinzufügen.
20 Sekunden rühren und in ein Cocktailglas abseihen.

American Spotlight

3 Eiswürfel
3 cl Kirschlikör
1 cl Campari
1 cl Vermouth dry
1 cl Gin
Tonic Water
1 unbehandelte Zitronenscheibe

Alle Zutaten in ein Rührglas geben und 20 Sekunden rühren. In einen Sektkelch abseihen und mit Tonic Water auffüllen.
Mit einer Zitronenscheibe dekorieren.

Bildnachweise

Simone Edelberg
(S. 10, 11, 16, 17, 18, 24/ 25, 26, 27, 39, 50, 55, 58, 60, 61, 63, 67, 68, 69, 70/ 71, 72, 73, 74, 76, 77, 78, 79, 80, 82, 87, 88/ 89, 91, 96, 97, 98, 99, 100, 101, 103, 115, 116, 118, 119, 122, 123, 124, 126)

Uwe Hämsch
(Titel, S. 51, 64, 72, 92, 93, 111)

Brigitte Weibrecht
(S. 42, 44, 59, 62, 74/75, 114)

Firma Inn Crystal
(S. 12/13, 15, 37)

Firma Rosenthal
(S. 105, 106, 107)

WMF
(S.15, 21)

The Food Professionals
(S. 15, 108/109)

Feuerbach 4
(S.3)

Zefa
(S. 113)

Abtshof Magdeburg GmbH
(S. 77)

Wilhelm Busch
(S. 8, 20)

Aus: Die Deutsche Modenzeitung, Bd. 1900
(S. 22)

Aus: Erna Horn,
Branntewein in Frauenhand. München 1977
(S. 29, 30)

Verzeichnis der Rezepte

Verzeichnis der Rezepte